Media and Religion | Medien und Religion

edited by | herausgegeben von

PD Dr. Anna-Katharina Höpflinger
Ludwig-Maximilians-Universität München

Prof. Dr. Stefanie Knauss
Villanova University, USA

PD Dr. Marie-Therese Mäder
Ludwig-Maximilians-Universität München

Prof. Dr. Daria Pezzoli-Olgiati
Ludwig-Maximilians-Universität München

Volume 6 | Band 6

Daria Pezzoli-Olgiati
Anna-Katharina Höpflinger [Hrsg.]

Religion, Medien und die Corona-Pandemie

Paradoxien einer Krise

Titelbild:
Wandbild von Austin Zucchini Fowler an der East Colfax Avenue in Denver, April 2020.
Wir danken Prof. Dr. Mark K. George, Denver, für das Foto.

Die Deutsche Nationalbibliothek verzeichnet diese Publikation in
der Deutschen Nationalbibliografie; detaillierte bibliografische
Daten sind im Internet über http://dnb.d-nb.de abrufbar.

1. Auflage 2021

© Daria Pezzoli-Olgiati | Anna-Katharina Höpflinger (Hrsg.)

Publiziert von
Nomos Verlagsgesellschaft mbH & Co. KG
Waldseestraße 3-5 | 76530 Baden-Baden
www.nomos.de

Gesamtherstellung:
Nomos Verlagsgesellschaft mbH & Co. KG
Waldseestraße 3-5 | 76530 Baden-Baden

ISBN (Print): 978-3-8487-7816-4
ISBN (ePDF): 978-3-7489-2221-6

DOI: https://doi.org/10.5771/9783748922216

Inhalt

Inhalt

Einführung

Ende April 2020 begann an der Ludwig-Maximilians-Universität ein besonderes Semester. Wir saßen mit den Mitgliedern unseres Forschungsseminars «Medien und Religion» unkomfortabel im frisch eingerichteten virtuellen Lehr- und Lernraum. Die Computerkameras waren eingeschaltet, das Audio auch, die Internet-Leitungen machten mehr oder weniger wacklig mit. Wir versuchten alle, uns zu sortieren. Als Dozentinnen, als Doktorierende, als Studierende mussten die Rollen neu gestaltet werden: Die Kommunikationssituation war ungewohnt frontal, alle erschienen in ihrem eigenen Zoom-Rechteck, Gesichter, die aus privaten Räumen – Büros, Küchen, Schlaf- oder Wohnzimmern – auftauchten. Im Hintergrund rufende Kinder, bellende Hunde; im Vordergrund spazierten Katzen durchs Bild.

Der Raum unseres virtuellen Seminars umfasste fast den halben Globus: Yifan Li saß in Shanghai, Caterina Panunzio in Verona, Anna-Katharina Höpflinger in Kyburg, Daria Pezzoli-Olgiati in Neggio – dies- beziehungsweise jenseits der Schweizer Alpenkette –, und die anderen Teilnehmenden waren auf unterschiedliche Orte in Deutschland verteilt. Je nach Gegend und Richtlinien war die Erfahrung des Lockdowns mehr oder weniger lang, mehr oder weniger einschränkend. Caterina hatte nur noch Anrecht auf einen Radius von 150 m für ihre Spaziergänge.

Zu Beginn der Veranstaltung tauschten wir uns darüber aus, wie es uns ging. Jemand sagte: «Wir sitzen zu Hause und draußen geht die Welt unter» – apokalyptische Befindlichkeit pur. Was für ein Einstieg in die akademische Lehre!

Die Idee dieses Buches entstand als Versuch, etwas Konstruktives aus dieser Weltende-Stimmung zu gewinnen. Anstatt den Studierenden zu erklären, was Forschung ist und wie sie funktioniert, entschieden wir uns, sie direkt in ein echtes Projekt zu involvieren: Wir wollten die Krise aus der Krise heraus – zeitgleich – beobachten. Damit verließen wir die Komfortzone der Distanz zum Forschungsgegenstand, um uns mit der Frage zu beschäftigen, was eigentlich religionswissenschaftliche Forschung in einer apokalyptischen Stimmung leisten kann. Die Antwort darauf können wir gleich vorwegnehmen: Im Falle unseres Projektes erlaubt das kritische Denken und die Erforschung von ausgewählten Fallstudien, die Zeit etwas zu entschleunigen und das, was wir in der Ausgangssperre nur noch durch die Medien erfahren konnten, in einer dichten Beschreibung zu verarbeiten. Wir können damit hinter der Oberfläche vermeintlich banaler Kommunikation Transformationen beschreiben und Tendenzen festhalten.

Das Ergebnis dieses Experiments liegt nun vor. Das Buch wurde dank des Einsatzes der Studierenden, die das volle Programm tapfer und engagiert durchgemacht haben, ermöglicht: Sammlung der Ideen, erste Skizze, Kommentare auf der Lernplattform Moodle, zweite Skizze, Diskussion, erste Redaktion, Austausch in Gruppen, dann im Plenum, Rückmeldung mit Korrekturvorschlägen, erstes und zweites Lektorat... Ein komplexer Schreibprozess wurde in einem Sommersemester realisiert.

Aber ohne die tatkräftige Unterstützung von Institutionen sowie Kollegen und Kolleginnen hätten wir unsere Ergebnisse nicht in dieser Form veröffentlichen können. Von den vielen, die uns geholfen haben, möchten wir insbesondere Folgenden ganz herzlich danken: unserem Fachbereich, der Evangelisch-Theologischen Fakultät der Ludwig-Maximilians-Universität München und ihrem Dekan Prof. Dr. Friedhelm Hartenstein; dem Nomos Verlag in Baden-Baden und Beate Bernstein; der Evangelischen Stadtakademie München und Jutta Höcht-Stöhr; Prof. Dr. Christoph Rehmann-Sutter sowie Prof. Dr. Mark K. George.

Wir führen mit drei Kurztexten, die unterschiedliche Aspekte des Buches hervorheben, ins Thema ein. In seinem Grußwort betont Friedhelm Hartenstein, der Dekan unserer Fakultät, einen der wichtigsten Aspekte der akademischen Lehre und des Lernens: im Gemenge des Unklaren und Komplexen nach den Konturen der Dinge zu suchen und das, was man beobachten kann, aufmerksam zu beschreiben.

Diesen Gedanken schließt sich Christoph Rehmann-Sutter an und entfaltet sie in eine etwas andere Richtung: Was können wir Menschen lernen, wenn wir nicht mehr wissen, wie unsere Welt ist? Wie stellen wir uns das vor, was vor der Katastrophe war, wenn wir mitten drin, orientierungslos, sind? Schließlich präsentieren wir Herausgeberinnen die Grundideen des Projektes, das zu dieser Veröffentlichung geführt hat.

Es ist ein fragmentarischer Blick aus der Krise auf die Krise: erste Gedanken zur Rolle von Religion und Medien in der Corona-Pandemie und zu Widersprüchlichkeiten, die diese besondere Erfahrung an den Tag legt.

Friedhelm Hartenstein, 1960, ist Dekan der Evangelisch-Theologischen Fakultät der Ludwig-Maximilians-Universität München und Professor für Altes Testament.

Mein Hals-Nasen-Ohrenarzt sagte mir Ende Februar 2020 auf meine Frage, wie er die beginnende Pandemie einschätze: «Die Natur holt sich das Ihre zurück». Daran muss ich seitdem häufig denken und hoffe, dass es uns als Weltgesellschaft trotz aller gegenteiligen Anzeichen gelingt, über Corona hinaus auch die Klimakrise einzudämmen und nachfolgenden Generationen eine lebenswerte Welt zu hinterlassen. Der Blick an den blauen Himmel ohne Kondensstreifen während des Lockdowns war eine unerwartete Wohltat.

Christoph Rehmann-Sutter, 1959, ist Professor für Theorie und Ethik der Biowissenschaften an der Universität zu Lübeck.

Die Krise ist ein riesiges soziales Experiment, an dem wir alle mitwirken. Ich hoffe, dass wir aus den notwendigen Veränderungen, die hier plötzlich möglich wurden, lernen können, dass in der Klimakrise auch mehr möglich ist, als man glaubte.

Anna-Katharina Höpflinger und Daria Pezzoli-Olgiati lehren und forschen im Fach Religionswissenschaft an der Evangelisch-Theologischen Fakultät der Ludwig-Maximilians-Universität in München.

«Wir müssen alles sofort auf Online-Formate umstellen.»
«Gut, machen wir. Was machen wir mit dem Forschungsseminar? Vier Stunden auf einer elektronischen Plattform hält man weder physisch noch mental aus.»
«Wir sollten etwas Konstruktives daraus machen.»
«Entschuldigung, die Leitung war unterbrochen, was hast du gesagt? Ein Buch mit den Studierenden?»

Fahren auf Sicht im Nebel des notwendig Undeutlichen

Friedhelm Hartenstein

Die vorliegende Publikation in Zeiten der Pandemie ist Ausdruck und zugleich Bewältigungsstrategie jener besonderen Erfahrungen, denen die Universität wie alle gesellschaftlichen Institutionen seit Februar 2020 ausgesetzt ist. Dass aus einem normalen Forschungsseminar heraus zeitnah Beiträge von hoher Aktualität entstehen und publiziert werden, ist in den Geisteswissenschaften unüblich und verdankt sich dem Corona-Geschehen.

Die Mitarbeitenden und Studierenden am Lehrstuhl für Religionswissenschaft und Religionsgeschichte an der Evangelisch-Theologischen Fakultät der LMU haben damit *ad hoc* eine Form der beteiligten Beobachtung erprobt, für die das Unabgeschlossene des Gegenstandsfelds gerade den großen Reiz darstellt. Entsprechend folgen die Beiträge keinem theoretischen und methodischen Gesamtkonzept, sondern erschließen – tastend und vorläufig – vor allem Phänomene der medialen Kommunikation der Pandemie, die sich religiöser Muster bedienen.

Die Gliederung des Bandes spiegelt den mosaikartigen Zugang, wobei sich im Ganzen ein Bild der Wechselwirkung von Religion und Medien in der Corona-Krise ergibt, das zentrale Aspekte erfasst: Genannt seien die Umstellung institutionalisierter Religion auf digitale Vollzüge und die damit einhergehenden Gewinne und Verluste; das Hervortreten sozialer Unterschiede und die kreative Selbstorganisation von Hilfeleistungen; die Darstellung des Unsichtbaren am Beispiel der medialen Inszenierung von Krankheit und Tod infolge von Covid 19; die Verschärfung der Wahrheitsfrage im «postfaktischen» Zeitalter am Beispiel der Pandemie (darunter die Anziehungskraft von Verschwörungstheorien); schließlich die metaphorische Kraft von ursprünglich religiösen Bildern als ein Mittel kognitiver und kommunikativer Einhegung des Unbekannten (der Zukunft, des «Anderswerdens» der Lebensrealitäten in und nach der Pandemie).

Dass in diesem Buch keine vorschnelle und glatte Interpretation hochkomplexer Phänomene beansprucht wird, sondern die Einladung ergeht, sich auf Reflexionen «mittlerer Reichweite» einzulassen, ist meines Erachtens eine große Stärke.

Public scholarship besteht nicht nur in der vereinfachten Mitteilung von Ergebnissen. Vielmehr kann man hier das wissenschaftliche «Fahren auf Sicht» (eine in Coronazeiten häufige Metapher) einüben. Mit dem je eigenen «Werkzeugkasten» an Begriffen und Kategorien, der den jungen Forschenden zur Verfügung steht, gelingt es ihnen, aus dem Nebel des notwendig Undeutlichen immer wieder scharfe Konturen hervortreten zu lassen. Das ist viel, vor allem ein Beitrag zum *vernünftigen* Verstehen dessen, was uns alle derzeit massiv angeht und noch lange beschäftigen wird.

Wenn jetzt alles anders ist, wie ist es denn immer gewesen?

Christoph Rehmann-Sutter

Es wäre unmöglich gewesen, weite Teile des gesellschaftlichen Lebens in so kurzer Zeit lahmzulegen (ohne dazu brachiale Gewalt anzuwenden), wenn nicht alles schon sorgfältig geplant gewesen wäre, wenn nicht Pandemiepläne und Epidemiengesetze den Staaten Kompetenzen und Autorität verschafft hätten, so einschneidend in die Grundrechte ihrer Bürgerinnen und Bürger einzugreifen. Das ist die eine Seite dieser Erfahrung.

Es war eine international konzertierte Aktion, koordiniert von der WHO und weltweit durchgesetzt von den nationalen Behörden, die massive finanzielle Ressourcen bereitstellten, um die wirtschaftlichen Schäden der Maßnahmen abzufedern. Wir erinnern uns: Im Dezember 2019 trat in Wuhan eine «virale Lungenentzündung» unbekannter Ursache auf. Am 9. Januar meldeten die chinesischen Behörden der WHO, dass es sich um ein neues Coronavirus handelte. Die Infektion breitete sich rasch entlang der Verkehrswege über China hinaus aus. Am 21. Januar trat der erste Fall in den USA auf, am 24. Januar meldete Frankreich drei Fälle von Corona-Virus bei Personen, die aus Wuhan eingereist waren. Am 30. Januar erklärte der WHO-Generaldirektor die Epidemie zu einer «public health emergency of international concern (PHEIC)», einer Kategorie, die weitere Maßnahmen auslöste. Die Ereignisse überschlugen sich; die Medien berichteten täglich, bald stündlich. Am 11. März wurde die Situation von der WHO als Pandemie eingestuft, Bereits Mitte März, also nur zwei Monate nach der Entdeckung des neuen Coronavirus (das muss man sich mal vorstellen!), verkündeten die meisten europäischen Länder Ausgangs- und Reisebeschränkungen, Verbote von öffentlichen Anlässen, Konzerten, Messen, Sportveranstaltungen, sogar der Basler Fasnacht. Schulen, Universitäten, Restaurants, Geschäfte wurden geschlossen – ein Lockdown wurde verhängt, wie ihn die Welt noch nie vorher gesehen hat. Das Leben musste weitgehend hinter die Fenster und Mauern, in private Innenräume abtauchen. Kommunikation fand vor allem über Medien statt.

Das war die eine Seite: Vorratsplanung. Schrittweise in Form von Maßnahmenbündeln umgesetzt. Die Macht im Krisenmodus neu verteilt. Staaten wurden plötzlich von den Gesundheitsministerien regiert, und alles hörte auf die Virologen. Auf der anderen Seite verlief es aber alles andere als geplant: Die Situation erwies sich als komplett unvorhersehbar. Viele von uns machten chaotische, aber immer wieder unglaublich berührende Erfahrungen. Die Covid-19-Pandemie und all diese raschen und massiven Maßnahmen zu ihrer Eindämmung bewirkten eine Disruption des alltäglichen Lebens – in einem Ausmaß, das man sich nicht vorstellen konnte. Politisch und moralisch gerechtfertigt wurde diese Störung mit dem Gesundheitsschutz und der Rettung von Menschenleben. Betroffene stellten Solidaritätsaktionen und Nachbarschaftshilfe auf die Beine. Musiker spielten auf Balkonen. Man traf sich in Online-Foren. Kreativität und tief menschliche Sorge zeigten sich auf vielen Ebenen.

Auch Proteste kamen bald, angefeuert von in sozialen Medien geschickt, teils gewitzt gestreuten Falschmeldungen, von Verschwörungstheorien, die selbsternannte Gegenpropheten in weißen Kitteln auf kleinen Handybildschirmen allen, die es hören wollten, überzeugt verkündeten. Menschen brauchen auch dies.

In einer solch aufgeladenen Situation lässt sich viel Wichtiges, Überraschendes, auch viel Konflikthaftes beobachten. Menschen zeigten unfreiwillig viel mehr als sie sonst in den Bewegungsroutinen des Alltags von sich zeigen würden. Die Kultur, die Gesellschaft musste sozusagen in Einzelteile zerlegt und einzeln neu geregelt werden: Welche Teile hat man da eigentlich, die man zuerst schließen, dann wieder öffnen kann? Wo muss repariert werden? Wem müssen Fallschirme verteilt werden? Die Alltagswelt lag plötzlich nackt da, ohne die schönen Kleider der unhinterfragten Gewohnheiten. Welche Welt zerbricht da gerade?

Das Virus kann bekanntlich alle treffen. Es diskriminiere nicht, wurde oft gesagt. Aber das stimmt nicht, weil es nicht alle gleich trifft. Das Virus wirkte und es wirkt weiterhin als Verstärker von sozialen Ungleichheiten und vertieft Ungerechtigkeiten, die es schon gab.

Dieses Buch ist ein Beobachtungsbuch, geschrieben während der laufenden Corona-Krise. Die Texte zeigen an konkreten, oft überraschenden und zum Nachdenken anregenden Beispielen auf, was sich in der Pandemie für uns Menschen Wichtiges zeigt. Manchmal sind es kleine Details, die wichtig werden. Wir können gerade ziemlich viel lernen über uns selbst, über die konkreten Systeme und die Strukturen – auch etwas über uns Menschen überhaupt. Das Buch zeigt uns, worauf wir achten können und wie es möglich bleibt, aufmerksam zu sein.

Menschen brauchen sinnhafte Deutungen und Narrative, die unweigerlich ins Religiöse reichen: Wer oder was ist schuld? (Es hat sich vielleicht herumgesprochen: Fledermäuse taugen nicht als Schuldige.) Ist diese Seuche nun die Strafe Gottes für die rücksichtslose Ausbeutung der Erde? Gar das Ende der Zeiten? (Aber was endet dann genau?) Was ist uns in der Krise am wichtigsten? Was muss bald wieder möglich werden? Und auch umgekehrt: Was soll nicht mehr kommen? Ist die Krise eine Chance, uns zu besinnen, damit die Welt «danach» nicht einfach wieder so weiterläuft wie vorher? Wie kommt das Danach eigentlich – laut, leise oder hinterrücks?

Über mich selbst war ich jedenfalls ziemlich erstaunt, als ich bemerkte, wie rasch mir der Gedanke kam: Das war's jetzt wohl; die Katastrophe ist da. Wie schnell meine Instinkte nachgaben und ins Unveränderliche einlenkten. Es war aber eine Form von akuter Wachheit. Ich versuche, sie mir zu bewahren. Aber ich bemerkte auch, wie wichtig uns Beziehungen sind, Nähe, Berührungen.

Ja, liebe Leute, es ist der Beginn des Endes einer Welt, wie wir sie gewohnt waren. Wir kommen da so einfach nicht mehr raus.

Lasst uns deshalb genau und interessiert *sehen*, was sich vor unseren Augen ereignet, was geschehen musste, was möglich wurde, wie uns Menschen überraschten und wie sie über sich hinauswuchsen. Damit wir damit beginnen können, mit neuen Einsichten die gemeinsame Welt in einigen wesentlichen Punkten vielleicht etwas besser einzurichten.

Literatur

World Health Organization, 2020, Timeline of WHO's response to COVID-19, Last updated 30 July 2020,
https://www.who.int/news-room/detail/29-06-2020-covidtimeline (aufgerufen am 11.9.2020).

«Wir sitzen zu Hause und draußen geht die Welt unter»

Daria Pezzoli-Olgiati, Anna-Katharina Höpflinger

Im Zeitraum, in dem die Arbeit an diesem Band begann, fanden wichtige religiöse Feste statt: die christlichen Kar- und Osterliturgien in den verschiedenen konfessionellen Ausprägungen wurden aus leeren Gotteshäusern gestreamt; auch die Pessah- und Ramadan-Rituale und -feiern mussten der epidemischen Lage angepasst werden. Während Moscheen, Synagogen, Kirchen und Tempel geschlossen waren, wurde die religiöse Ausübung in den privaten und in den virtuellen Raum verlegt. Religiöse Alltagspraktiken und Übergangsrituale mussten ebenfalls adaptiert oder ausgesetzt werden. Sogar Beerdigungen waren nicht mehr oder nur noch in stark reduzierter Form möglich. Das sind offensichtliche Beispiele der Veränderungen, die die Pandemie mit sich gebracht hat. Protagonisten dieser Transformationen sind die digitalen Medien, die (religiöse) Vernetzung auf eigene Weise gestalten.

Während wir zu Hause saßen, ging die Welt nicht unter. Doch wurde der Lebensraum grundsätzlich auf unsere Wohnungen eingeschränkt, und von dort übten wir unsere Tätigkeit als Dozentinnen und Forscherinnen via elektronischer Medien weiter aus. Der Zugang zum öffentlichen, begehbaren Raum war uns verwehrt. Die Verbreitung der Krankheit und ihre Folgen konnten wir nur medial beobachten: der Papst, der alleine auf dem leeren Petersplatz betet oder im menschenleeren Rom herumläuft; eine Bestattungsfirma, die für die Vorteile von durch iPads vermittelten Zeremonien wirbt; Bilder von Massengräbern in New York, die mit Baggern vorbereitet werden; bekannte Pastoren, die via YouTube ihre Gemeinde ansprechen; Verschwörungstheoretiker, die versuchen, ihre Erklärungen plausibel zu machen; virtuelle Ausstellungen von Karikaturen zum Coronavirus. Die disparate Liste dessen, was man in Bezug auf Medien, Religion und die Pandemie im April 2020 beobachten konnte, ist unendlich. Wie wählt man hier etwas Bedeutsames aus?

Facettenreiche Blicke auf die Krise

In diesem Buch denken wir über die vielen und grundlegenden Veränderungen anhand ausgewählter Fälle nach, die uns in unserem improvisierten Pandemie-Alltag aufgefallen sind. Die Beispiele sind in sieben Teilen zusammengefasst, mit denen wir versuchen, die Vielfalt und die Relevanz von Religion in der pandemischen Zeit einerseits zu erfassen und andererseits vorzustellen.

Wir beginnen mit der Betrachtung von religiösen Gemeinschaften und ihren Strategien in der Isolation, um den Kontakt zu den Mitgliedern und die Fortführung der gebotenen Rituale zu gewährleisten. Die digitalen Medien schaffen neue gemeinschaftliche Beziehungen, eröffnen aber auch andere Möglichkeiten, grundlegende Themen und Praktiken individuell anzupassen und umzugestalten.

Religion ist jedoch nicht nur etwas, das mit Institutionen wie einer christlichen Kirche oder einem buddhistischen Tempel zusammenhängt. Religiöse Motive werden in Medien aufgenommen und umgestaltet, beispielsweise in Dokumentationen, die Gemeinschaften mit Restaurants vergleichen oder aber im Vorkommen religiöser Elemente in nationalen Danksagungen an das medizinische Personal.

Soziale Medien dienen in der Pandemie auch zur Unterhaltung und transportieren Ohrwürmer, in denen Solidarität besungen wird sowie religionskritische Karikaturen, die Wissenschaft und Glaube als unvereinbare Alternativen mit witzigen Motiven präsentieren.

Dagegen stehen Bilder des Todes, die die Ernsthaftigkeit der Lage unmissverständlich inszenieren. Die Ernsthaftigkeit der Lage wird mit Berichten von Menschen untermauert, die ganz allein auf Intensivstationen vom Leben Abschied nehmen oder mit Bildern unzähliger Särge, die sauber nebeneinander aufgestellt sind.

In dieser ungewohnten neuen Situation werden Ängste vor Freiheitsverlusten oder einem wirtschaftlichen Zusammenbruch laut. Die Vielfalt von Erklärungen, Analysen, Stellungnahmen, Statistiken trägt nicht immer zur Klärung der Fakten bei. Angesichts der extremen Komplexität und der Fragmentarität des Wissens um das Coronavirus verbreiteten sich Versuche, das Komplizierte in einfache, dualistische Formen zu gießen und ohne Fragezeichen zu deuten: Das ist das Feld, auf dem sogenannte Verschwörungstheorien gedeihen. Und was kommt danach?

Ein Ausblick ins Ungewisse schließt diese Untersuchung. Die Ausgangsbeschränkungen, die Maskenpflicht und die soziale Distanznahme suggerieren eine bestimmte Vorstellung von Solidarität und Gleichheit, die an eine liminale Phase eines Übergangsrituals erinnert. Was kommt nach dieser besonderen Phase? Welche Metaphern werden ins Spiel gebracht, um die Zukunft nach der Pandemie anzudenken?

Paradoxien der Pandemie

Trotz des Fokus auf verschiedenste Fallbeispiele aus unterschiedlichen Ländern ziehen sich einige grundlegende Beobachtungen durchs ganze Buch: Die medialen Berichterstattungen, Bilder und Erklärungen tendieren vielfach dazu, die Komplexität der Situation in Dualismen aufzulösen: Normalität versus Extremsituation, Freiheit oder Ausgangssperre, Solidarität oder Egoismus, Teufel gegen Gott, Religion contra Wissenschaft. Dabei entstehen paradoxe Momente, die die Widersprüchlichkeit der Krisenzeit aufzeigen. Beispielsweise wird das einsame Sterben medial präsentiert und damit der ganzen digitalisierten Welt ermöglicht, diesem Ereignis beizuwohnen. Ein einsamer Tod vor der gesamten Welt: In allen Beiträgen wurden mehr oder weniger offensichtliche Kontraste hervorgehoben, seien es paradoxe Situationen, Vorstellungen oder Narrative. Durch sie wird das transitorische Moment der Krise, die Auszeit aus der Normalität, betont. Wir haben diesem Aspekt im Untertitel des vorliegenden Buches Rechnung getragen: «Paradoxien einer Krise» verweist auf die Widersprüche, die in allen Kapiteln, manchmal versteckt, bisweilen ganz offensichtlich, zu Tage treten.

Die entdeckten Paradoxien kommen oft in Bezug auf existentielle Fragen zum Tragen. Sie tangieren also Religion in einem breiten Sinn. Dabei kristallisieren sich in den Beiträgen verschiedene Ebenen der Wechselwirkung zwischen Religion, Medien und der Pandemie heraus:

Erstens standen, wie oben bereits angedeutet, religiöse Gemeinschaften und Organisationen innerhalb kurzer Zeit vor der Aufgabe, ihre Rituale auf Online-Formate anzupassen. Die Corona-Situation hat also die institutionelle Dimension von Religion tangiert. Wie haben sich dadurch Handlungen, aber auch Vorstellungen verändert? Religiöse Organisationen sind aber auch eingesprungen, wenn Hilfe nötig war: Beim Lagern von Särgen in Kirchenräumen ebenso wie bei der Unterstützung von Menschen, die durch das Virus in Not geraten sind. Religiöse Gemeinschaften erscheinen als Spezialistinnen von und in Krisen.

Zweitens fällt auf, dass die Außeralltäglichkeit der Situation auch in sogenannten säkularen medialen Bereichen, wie beispielsweise in Zeitungsberichten, Cartoons, Dokumentarfilmen oder Memes, anhand von Bildern und Narrativen aus religiösen Traditionen beschrieben wird: Endzeitmetaphern, Teufelsdarstellungen, aber auch Engelsfiguren oder Marienfiguren prägen den medialen Blick auf die Corona-Zeit. Religiöse Motive scheinen sich für die Schwere und Herausforderung der Situation besonders anzubieten und eine mediale Annäherung an die Pandemie zu ermöglichen.

Drittens haben sich in dieser schwierigen Zeit Fragen nach dem richtigen Handeln und den zentralen Werten gestellt: Ist die Aufrechterhaltung der Wirtschaft wichtiger als das Retten von Menschenleben – oder umgekehrt? Soll man sich mit Vorräten eindecken oder für die Nachbarn in der Quarantäne einkaufen? Moralische Fragen wurden in verschiedenen Medien aus unterschiedlichsten Standpunkten debattiert. Die verhandelten Werte tangieren dabei oft religiöse Vorstellungen. Nächstenliebe, Solidarität, karitative Leitlinien, aber auch der Glaube an das Gute oder die Hoffnung auf eine Rettung vor dem Virus sind nur einige Beispiele dafür.

Viertens entstanden neue – manchmal ernste, bisweilen witzige – Welterklärungen, die versuchten, einen Sinn in dieser Krise zu entdecken: War das Virus ein Werk des Teufels? Wollte Gott damit die Menschen zu etwas Bestimmtem anleiten? Oder war das Ganze der Plan einer weltumspannenden Verschwörung?

Religion ist also, das zeigt das vorliegende Buch, für das Verständnis der Corona-Situation und deren medialer Erarbeitung zentral. Religionen bieten Bilder, Motive, Werte für ein Darstellen und Erklären der herausfordernden Umstände. Welche religiösen Narrative und Normen zum Tragen kommen, ist kulturspezifisch, aber religiöse Vorstellungen, Handlungen und Motive bieten gerade in Krisenzeiten eine Sprache, die scheinbar nicht aus anderen Bereichen gespeist werden kann.

Flügel und rote Boxhandschuhe

Das vorliegende Buch untersucht nicht nur Fallbeispiele, sondern es stellt grundlegende Fragen zu der Bedeutung von Religion für ein Verstehen der Corona-Pandemie. Doch für wen sollten wir schreiben? Wir entschieden bald, dass diese Artikel mit ihrem Blick auf die Krise aus der Krise nicht nur für ein enges Fachpublikum gedacht sein sollen. Sondern wir möchten mit verschiedensten Interessierten in Debatte treten. Die Artikel fühlen sich deswegen in ihrem Vorgehen und der Präsentation der *public scholarship* verpflichtet. Sie dienen einer Wissensvermittlung, die zum Nach- und Weiterdenken anregen und, auch über die Grenzen einer einzelnen wissenschaftlichen Disziplin hinweg, zu einem Gespräch einladen soll. Wir haben uns insofern für eine verständliche Sprache und einen eingängigen Aufbau der Texte ohne Fußnoten entschieden.

Wir würden Sie als Leserin oder Leser daher zum Schluss gerne auffordern, mit uns weiterzudenken. Das gewählte Coverbild steht sinnhaft für unser Thema, aber auch für diese Idee eines Austauschs und Mitdenkens: Es zeigt ein Graffiti, das in Denver an eine Wand gesprüht wurde. Zu sehen ist eine Ärztin mit der blauen Kleidung der Intensivstation. Große Engelsflügel formen diese Gestalt als transzendente Figur aus. Sie ist im Angesicht des Virus keineswegs passiv, sondern hebt ihre mit roten Boxhandschuhen bekleideten Fäuste und schaut uns auffordernd an. In dieser Figur vereinen sich die oben genannten Paradoxien: farblich, aber auch symbolisch. Sie ist ein kämpfender Engel aus einem Krankenhaus.

Doch was für eine Botschaft vermittelt dieses Bild? Sollen wir mit ihr medizinisch gegen das Virus kämpfen? Fordert sie uns zu Mut und Hoffnung in einer schwierigen Krisenzeit auf? Oder verweist sie als Engelsfigur etwa auf eine Endzeit, in der es zu einem Kampf zwischen Gut und Böse kommen wird? Was denken Sie?

Gemeinschaften in Isolation

Von China über Italien bis hin zu Lateinamerika beobachtete man den weltweiten Ausbruch der Corona-Pandemie und verfolgte die Einschränkungen, die das Virus für die Gesellschaft mit sich brachte. Diese Entwicklungen hatten auch für religiöse Gemeinschaften große Konsequenzen. Wesentliche Aspekte religiöser Praxis wurden durch den Ausnahmezustand auf den Kopf gestellt. Angesichts der Versammlungsverbote konnten sakrale Räume nicht mehr für Rituale genutzt werden. Soziale Netzwerke im Internet wurden als Alternative eingesetzt. Seit langer Zeit überlieferte Handlungsabläufe und Liturgien mussten der Logik digitaler Medien angepasst werden. Damit veränderten sich der Zugang zu den Ritualen, ihre Bedeutungen und ihre Möglichkeit, gemeinschaftsstiftend zu wirken. Private Räume wurden zu transitorischen, individuellen heiligen Stätten.

Die folgenden Beiträge spannen mit ihren Schwerpunkten auf China, Europa und Lateinamerika nicht nur zwischen unterschiedlichen Orten einen Bogen, sondern vermitteln auch zwischen verschiedenen Aspekten und Qualitäten von Raum, von konkreten sakralen Orten religiöser Praxis bis hin zu den sozialen Medien. Dabei werden unterschiedliche Kontraste hervorgehoben: Während beispielsweise gut etablierte buddhistische Tempel in Metropolen wie Shanghai oder römisch-katholische Kirchen in Norditalien relativ problemlos ein attraktives Internetangebot für ihre Mitglieder anbieten konnten, mussten religiöse Gemeinschaften auf dem Lande mit Mitgliederverlusten ringen, weil die notwendige finanzielle und technische Infrastruktur nicht vorhanden war.

Dort, wo es möglich war, wurden digitale Räume eingerichtet, sodass die Rituale einigermaßen konform weitergeführt werden und die Gemeinschaftsmitglieder darin Halt und Orientierung finden konnten. Dennoch gingen viele Dimensionen des gemeinsamen religiösen Erlebens verloren: Die geteilte Erfahrung von Ritualen, die Einmaligkeit einer Liturgie, der Umgang mit kostbaren Gegenständen, die körperliche und teilweise die ästhetische Dimension religiöser Praxis können nicht auf virtuellem Weg hergestellt werden.

Die Verschiebung von heiligen Orten in digitale Räume verändert auch die Art und Weise der Teilnahme an Ritualen und an Tradierungsprozessen religiöser Überzeugungen: Bestimmte Orte und Zeiten werden aufgehoben, die Angebote sind immer und überall verfügbar, können unterbrochen und reproduziert werden. Die Formen der Interaktionen werden transformiert: Gläubige werden zu Usern und Followern, Botschaften werden adaptiert, verändert und verfremdet. Die hier ausgewählten Beispiele verdeutlichen, wie die Pandemie Religionsgemeinschaften gezwungen hat, einerseits mediale Welten zu erkunden und sich andererseits mit Fragen der Wirksamkeit dieser ungewohnten Medienabhängigkeit auseinanderzusetzen.

Yifan Li, 1997, ist Studentin des Masterstudiengangs Religion und Philosophie in Asien an der Fakultät für Kulturwissenschaften der Ludwig-Maximilians-Universität in München.

> Als die Pandemie im Januar ausbrach, war ich in Shanghai, China. Die täglichen Berichte und Gerüchte über die grausame Realität auf sozialen Medien erzeugten in mir eine Mischung aus Traurigkeit, Wut, Angst und Hilflosigkeit, bis ich lernte, Nachrichten auf sozialen Medien nicht mehr anzuschauen. Das einzige Glück in dieser Zeit war, dass ich wegen Grenz- und Reisebeschränkungen sowie aufgrund der Angebote von Online-Kursen mehr Zeit mit meiner Mutter in Shanghai verbringen durfte.

Caterina Matilde Panunzio, 1994, ist Studentin des Masterstudiengangs für Religions- und Kulturwissenschaft an der Ludwig-Maximilians-Universität in München.

> Die Online-Veranstaltungen der LMU haben mir ermöglicht, während des Lockdowns in Italien aus der Ferne eine gewisse Struktur und Kontinuität beizubehalten. Doch es war sehr befremdlich zu erkennen, wie sehr der Laptop eine Erweiterung von mir geworden ist: Diese verschärfte Abhängigkeit von den elektronischen Medien ließ die strenge Ausgangssperre noch surrealer erscheinen. Viele soziale Aspekte der Kommunikation während eines Präsenzstudiums fielen weg. Definitiv eine Schattenseite dieser erzwungenen, digitalen Vernetzung.

Guido Murillo Vélez, 1983, ist Student für Religionswissenschaft und Evangelische Theologie an der Ludwig-Maximilians-Universität in München.

Den Lockdown habe ich in der Spannung erlebt, Wanderer zwischen zwei Welten zu sein. Auf der einen Seite habe ich die kritische Lage meiner Heimatstadt Guayaquil in Ecuador nicht am eigenen Leib erfahren, sondern durch Medien, private Nachrichten und Telefonate verfolgt. Auf der anderen Seite war ich dankbar, dass ich in Bayern die Chance hatte, mich trotz aller Beschränkungen als freier Mensch fühlen zu dürfen und meinen Studien weiter nachgehen zu können.

Leere Tempel, volle Livestreams in China

Yifan Li

Im Dezember 2019 trat eine unbekannte Lungenentzündung in Wuhan, einer Millionenstadt in China, auf. Da Lungenerkrankungen im Winter häufig vorkommen, achteten nur wenige Chines:innen darauf. Am 30. Dezember 2019 tauchten jedoch Nachrichten auf sozialen Medien auf, die davor warnten, dass die Erkrankung vom SARS-Coronavirus verursacht sei. Dies wurde von der Regierung als Gerücht bezeichnet. Anfang Januar 2020 kehrten hunderttausende Angestellte und Wanderarbeiter:innen aus Wuhan per Bahn und Flugzeug in ihre Heimat zurück, um das Neujahrsfest mit ihren Familien zu verbringen. Manche von ihnen wussten nicht, dass sie sich bereits angesteckt hatten. Mitte des Monats wurde in zahlreichen Städten von Krankheitsfällen berichtet, allerdings wurde die Krankheit von vielen als normale Grippe gedeutet. Am 20. Januar warnte Zhong Nanshan, ein für seine Bewältigung des SARS-Ausbruchs im Jahr 2003 bekannter Experte, dass die Pneumonie übertragbarer sei, als zuvor angenommen worden war. Die Leute (vor allem junge Menschen) gerieten in Panik. Mundschutz-Masken waren in wenigen Stunden ausverkauft. Zwei Tage später wurden Wuhan sowie andere Städte in der Provinz Hubei abgesperrt und so die Zentren des Virus-Ausbruchs in China unter Quarantäne gestellt. Am 24. Januar, einen Tag vor dem chinesischen Neujahrsfest, sagten alle religiösen Institutionen in Shanghai ihre größte Feier ab und verboten den Zugang zu Gebäuden.

Am 1. März 2020 veröffentlichte der Jadebuddha-Tempel 玉佛禪寺 in Shanghai einen Beitrag auf seinem WeChat-Kanal, in dem eine Sutra-Lesung gezeigt wurde. Abbildung 1 stammt aus dieser Dokumentation: Mundschutz tragende Mönche führen das Ritual in der Haupthalle des Tempels durch, während die Gläubigen, die normalerweise den Saal füllen und wegen des Verbots abwesend sind, dasselbe Sutra, gemäß Zeitplan des Heiligtums, zu Hause rezitieren. Damit verlegt der Tempel seinen heiligen Raum ins Internet.

In meinem Beitrag möchte ich die Frage vertiefen, wie diese virtuellen religiösen Räume in der Pandemie entstanden sind und welche sozialen Erwartungen sie durch Online-Rituale erfüllen (wollten).

Abb. 1: Mönche führen im Jadebuddha-Tempel in Shanghai ein Ritual durch.

Digitale Religion

Die Entwicklung der Kommunikationstechnologie in den letzten Jahrzehnten und ihre zunehmende Verbindung mit religiösen Praktiken hat die Religionsforschung auf vielfältige Art bereichert. *Online religion* und *religion online* sind zwei Begriffe, die unabhängig voneinander in den 2000er Jahren geprägt wurden. Sie dienen dazu, die religiöse Verwendung des Internets zu differenzieren und danach zu fragen, ob Rituale eher offline oder online durchgeführt werden. Angesichts der Verwischung zwischen Online- und Offline-Formen religiöser Praxis setzt sich im Laufe der Zeit der von Heidi A. Campbell geprägte Begriff *digital religion* als allgemeine Bezeichnung der Wechselwirkung von Religion und digitaler Kommunikation durch. Dieser Terminus erlaubt es, Religion in digitalen Medien zu erfassen und zu beschreiben. Digitale Religion übernimmt eine Brückenfunktion: Sie verbindet religiöse Räume und Praktiken online und offline miteinander und erweitert sie gleichzeitig.

Digitale Formen religiöser Ausübung breiten sich einerseits transnational aus, anderseits sind sie regional ausgeprägt. Immer sind sie jedoch von den informationstechnischen Möglichkeiten abhängig. Die hier untersuchten Tempel in der Metropole Shanghai nutzen digitale Formen stärker als

Heiligtümer in anderen Provinzen Chinas. Als staatlich anerkannte religiöse Institutionen posten sie häufig auf ihren offiziellen Konten auf WeChat, dem größten Instant-Messaging-Dienst mit sozialem Netzwerk in China. Manchmal übertragen sie Rituale wie Richtfeste von Hallen auch live. Trotzdem lag der Schwerpunkt ihrer Tätigkeiten bis zur Corona-Zeit auf Offline-Ritualen in ihren jeweiligen Standorten. Soziale Medien wurden vor allem in Anspruch genommen, um buddhistische Kultur zu verbreiten und den Kontakt zu Laien-Buddhist:innen zu stärken. Die Pandemie änderte dies: In dieser neuen Situation haben sich religiöse Institutionen zum ersten Mal bei Ritualen stärker auf Online-Medien verlassen.

Im Folgenden werden als Beispiele zwei Tempel in Shanghai vorgestellt, die während der Corona-Krise soziale Medien nutzten. Dabei wird aufgezeigt, wie sich heiliger Raum durch die Verwendung dieser Medien wandelt.

Heiliger Raum und soziale Medien

Seit dem 16. Februar 2020 veranstaltete der Jadebuddha-Tempel, eines der drei bedeutendsten buddhistischen Heiligtümer in Shanghai, regelmäßige Sutra-Lesungen, die sich jeweils über sieben Tage erstreckten. Drei Tage vor einer Lesung wurde der Zeitplan als WeChat-Benachrichtigung gepostet. Dabei wurde ein genauer Zeitraum für jedes Kapitel der buddhistischen Schriften sowie für die Gebete um karmische Verdienstübertragung (Sanskrit: Pariṇāmanā 回向) festgelegt, sodass Gläubige zu Hause die Schrift selbst lesen konnten. Mönche im Tempel rezitierten gleichzeitig dasselbe Kapitel, dessen Hauptinhalt – und manchmal auch Fotos der Zeremonie – täglich auf WeChat gepostet wurde.

65 Kilometer vom Jadebuddha-Tempel entfernt steht der Xupu-Tempel 胥浦廟. Dabei handelt es sich um ein von Feldern umgebenes Heiligtum mit geringer Popularität im Vorort von Shanghai. Traditionellerweise organisiert der Tempel am Ende jedes Monats ein Sādhana-Ritual 共修, bei dem sich Gläubige in dieser religiösen Stätte versammeln und gemeinsam im Zeitraum eines Jahres ein langes Sutra lesen und studieren. Während der Krise entschied sich der Tempel, diese Veranstaltung ins Internet umzuziehen. Da die Termine der buddhistischen Feste in China nach dem traditionellen chinesischen Lunisolarkalender berechnet werden, wurde das erste Sādhana-Ritual im Jahr 2020 am 6. Tag nach dem chinesischen Neujahr (das heißt am 30. Januar 2020 nach dem gregorianischen Kalender) auf TikTok (einem Portal für kurze Videoclips und Live-Streamings mit Funktionen eines sozialen Netzwerks) in Echtzeit übertragen. Gläubi-

ge konnten dort die ersten sieben Kapitel des Avataṃsaka-Sutra 華嚴經 nachverfolgen und mitlesen. Jedes Mal nahmen 13 Mönche des Tempels am Ritual teil, obwohl Mönche, ebenso wie Statuen von Buddhas und Bodhisattwas, gemäß den Regelungen der TikTok-Plattform nicht gezeigt werden dürfen.

Im Gegensatz zu religiösen Handlungen vor der Corona-Zeit boten die Rituale in diesen beiden Beispielen den Gläubigen keine physische Versammlungsmöglichkeit in einem für Religion geeigneten Raum, sondern eine fragile Verbindung durch soziale Medien, die normalerweise zur alltäglichen Kommunikation und Unterhaltung dienen. In den sozialen Medien existiert keine sichtbare Schwelle wie die Tür eines Heiligtums, die den heiligen vom profanen Raum trennt. Wie haben es die Tempel in dieser speziellen Situation geschafft, den heiligen Raum im Internet zu gestalten?

Die elektronisch gestützte Online-Welt ist heute ein Bestandteil unseres Lebens geworden. In diesem Sinne ist sie auch von der Spannung zwischen dem Heiligen und dem Profanen geprägt. Diese Kategorien stellen keine substanzielle Differenz dar, sondern sind situationsbedingte und relationale Kategorien, deren Grenzen fluide sind. Émile Durkheim betonte 1912 in seinem einflussreichen Werk *Die elementaren Formen des religiösen Lebens*, wie wichtig religiöse Rituale für die Gestaltung der profanen und heiligen Sphären innerhalb einer Gemeinschaft sind und wie damit ihr Zusammenhalt gewährleistet wird. Durch gemeinsame Handlungen und Überzeugungen werde ein Raum bestimmt, in dem der Unterschied zwischen Heiligem und Profanem sichtbar und erlebbar gemacht werde.

Im vom französischen Sinologen Benoît Vermander mitverfassten Werk *Shanghai Sacred* wird auf diese Funktion von Religion hingewiesen. Darin, unter den zahlreichen Illustrationen dazu, findet sich das Beispiel von buddhistischen Laiengruppen, die in Shanghai bei Wasserstraßen regelmäßig sogenannte Tierfreigabe-Rituale durchführen: Zum Essen bestimmte Fische werden in Flüssen frei gelassen. In diesem Ritual wird durch eine Kombination aus Gewändern, Gesten, Musik und Choreografie ein öffentlicher heiliger Raum geformt.

Das Internet und die sozialen Medien erweitern den Lebensraum. Online-Medien bieten einen Platz für Rituale, sodass Leute trotz physischer Abwesenheit vor Ort gemeinsame Tätigkeiten durchführen können. Diese gemeinsame Tätigkeit wird durch Festlegung eines bestimmten Zeitraums, in dem das Ritual verrichtet wird, verwirklicht. Eine Laien-Buddhistin liest also die Kapitel nicht allein zu Hause, sondern zusammen mit anderen Gläubigen sowie den Mönchen im Tempel. Teilnehmende des zweiten oben genannten Rituals konnten außerdem die Gesamtteilnehmer:innenzahl sehen und wurden gleichzeitig von einem Dharma-bhāṇaka (法師, Dharma-Rezitator) über Termine für die Beichte informiert. Mithilfe dieser Gleichzeitigkeit der Handlung entsteht ein Gefühl von Verbundenheit, das auf dem traditionellen Gedanken basiert, dass ein gemeinsames Gebet mehr puṇya (功德, Verdienste) als ein einzelnes erzeugt.

Die Wirkung der Online-Rituale

Die Authentizität und Wirksamkeit digitaler Religionen werden manchmal von religiösen Autoritäten infrage gestellt, da jede:r Einzelne die eigene religiöse Vorstellung im Internet darlegen und verbreiten könne. Bei den oben erörterten Beispielen religiöser Rituale in der Pandemie wurde keine solche Kritik geäußert, da beide Rituale von religiösen Institutionen, nämlich von zwei staatlich anerkannten Heiligtümern, geleitet wurden. Wie oben erwähnt, setzten die Tempel die tägliche Pūjā (Verehrungsarbeit) fest.

Der Hauptort und das Zentrum des Rituals war immer die heilige Stätte selbst. Wenn eine Teilnehmerin zum Beispiel an einem Ritual um acht Uhr teilnehmen wollte, guckte sie sich nicht bis 07:59 lustige Memes auf WeChat oder kleine Videos auf TikTok an, sondern bereitete sich auf das Ritual vor. Sie zog sich ordentlich an oder trug sogar die Robe für Laien. Sie zündete Räucherstäbchen an, legte Obst und Blumen vor den Statuen der Buddhas und Bodhisattwas in ihrer Wohnung nieder.

Außerdem wurden Regelungen und Vorschriften dieser digitalen Rituale strikt nach dem Vorbild der Offline-Rituale reproduziert. Anpassungen an die Eigenschaften der Medien, wie sie in manchen Buddhismus-orientierten Apps zu finden sind, – wenn beispielsweise digitales Obst und Räucherstäbchen vor eine projizierte buddhistische Statue hingelegt werden können – fanden hier nicht statt. Die Tradition, die eine große Menge Gläubige miteinander teilt, blieb unverändert. Bei den betrachteten Ritualen galten Medien im Wesentlichen lediglich als Hilfsmittel. Sie erzeugten keine neue Form von Ritual, deren Merkmale stärker zur Online-Religion gehören würden.

Bei den Tempeln zeigte sich eine Vorliebe für bestimmte Medien, nämlich für eine konventionelle Verwendung von Texten und Bildern sowie eine vergleichsweise neuartige digitale Echtzeit-Übertragung. Diese Wahl hing mit der vom jeweiligen Heiligtum eingenommenen Rolle in der Gesellschaft zusammen: Der Jadebuddha-Tempel fungiert nicht nur als religiöser Zufluchtsort für Menschen, sondern auch als berühmte Sehenswürdigkeit in Shanghai. Diese chan-buddhistische religiöse Stätte ist damit beauftragt, die buddhistische Kultur zu verbreiten, weshalb sie neben den Pflichtritualen täglich auch kurze Texte über Lebensphilosophie, Sutras und Lebensläufe von Buddhas sowie Bodhisattwas auf ihrem WeChat-Kanal postet. Die Benachrichtigungen sind meistens mit Bildern unterlegt und sehr professionell und attraktiv gestaltet, sodass man zum Weiterleiten motiviert wird.

Anders sah es bei Tempeln aus, die sich wie der Xupu-Tempel auf dem Land befinden und mit nahegelegenen Heiligtümern konkurrieren. Ihre Anhängerschaft speist sich vor allem aus den in der Nähe lebenden Dorfbewohner:innen und einigen mit ihnen befreundeten Stadtbewohner:innen, von denen sich aber viele auch an einem weiteren Tempel in der Stadt orientieren. Der Xupu-Tempel, der der Amitabha-Tradition zuzurechnen ist, kann es sich normalerweise nicht leisten, sein offizielles Konto auf WeChat täglich auf den neuesten Stand zu bringen. Während der Pandemie geriet er außerdem, wie zahlreiche religiöse Stätten in China, in eine finanzielle Notlage.

Unter diesen Umständen wurde es für den Tempel zur Hauptaufgabe, seine Verbindung mit den Anhänger:innen zu erhalten, sodass sich diese nicht an andere Heiligtümer wandten. Deshalb wurde Live-Streaming als eine mediale Form mit breiter Reichweite verwendet. Bedauerlicherweise war das Ergebnis dieser Bemühungen eher gering: Die meisten Anhänger:innen sind älter und verwenden keine sozialen Medien oder konnten den Zugang zu den Live-Streamings nicht finden. Hinzu kommt, dass religiöse Live-Streamings auf TikTok stark eingeschränkt sind und keine zusätzliche Werbung erhalten. All dies bedingte, dass nur eine geringe Teilnehmer:innenzahl Zugang zum digitalen Angebot hatte.

Die Funktion von Ritualen in der Pandemie

Durch Rituale werden Gemeinschaftsgefühl und Verbundenheit gefördert und Gefühle der Unruhe und Furcht vor der Seuche und dem Tod verarbeitet. Der Xupu-Tempel erfüllt in dieser Hinsicht seine Pflicht, während das Jadebuddha-Heiligtum darüber hinaus das Versprechen des Mahāyāna-Buddhismus einhält, Mitgefühl unparteiisch auf alle Lebewesen auszudehnen und ihnen zu einer Befreiung aus dem Leiden zu verhelfen. Nach dem Ausbruch der Epidemie in Wuhan sammelten der Jadebuddha-Tempel, wie auch andere einflussreiche religiöse Stätten in China, unverzüglich Spenden für Wuhan. Anschließend, im Zeitraum vom 16. Februar bis zum 28. März 2020, wurden Lesungen von sechs Sutras veranstaltet. Die ersten vier bezogen sich auf die Beichte, auf die Verteidigung des Staats, auf Geschichten, wie der Medizin-Buddha Schutz gegen Pest und Krankheiten gewährt hat sowie auf die Erzählung von Kuanyins Erfüllung aller von ihr/ihm erbetenen Wünsche. Die Nutznießer:innen von Sutra-Lesungen waren nicht nur die Teilnehmenden, Mönche oder Buddhist:innen, sondern potenziell alle, die unter der Pandemie litten. Nachdem sich die Krise in China etwas entspannt hatte, wurden zwei Sutras aus dem Chan-Buddhismus für die Lesung ausgewählt, die die Gläubigen zur Erkenntnis ihrer inhärenten Natur und zu innerer Ruhe anleiten. Die Reihenfolge der Sutra-Lesungen zeigt, dass der Jadebuddha-Tempel statt der geistlichen Pflege Einzelner die Rettung der Menschheit aus dem Leid zur Priorität macht.

Am 10. Juli 2020 öffneten religiöse Institutionen nach fast sechs Monaten ihre Türen wieder. Damit ging auch die Zeit, in der soziale Medien als Stütze für Rituale dienten, zu Ende. Werden Tempel und andere konventionelle religiöse Stätten dennoch eines Tages der Digitalisierung gegenüber offen sein und «virtuelle» Gebäude, zum Beispiel um die junge Generation zu gewinnen, im Internet aufbauen?

Literatur

Campbell, Heidi A., 2013, Introduction. The Rise of the Study of Digital Religion, in: Campbell, Heidi A. (Hg.), Digital Religion. Understanding Religious Practice in New Media Worlds, London: Routledge, 1–21.

Durkheim, Émile, 1994 (1912), Die elementaren Formen des religiösen Lebens, Frankfurt am Main: Suhrkamp.

Helland Christopher, 2013, Ritual, in: Campbell, Heidi A. (Hg.), Digital Religion. Understanding Religious Practice in New Media Worlds, London: Routledge, 25–40.

Hutchings, Tim, 2019, Emotion, Ritual and Rules of Feeling in the Study of Digital Religion, in: Possamai Inescdy, Alphia/Nixon, Alan (Hg.), The Digital Social. Religion and Belief, Berlin: De Gruyter, 110–128.

Smith, Jonathan Z., 1980, The Bare Facts of Ritual, History of Religions 20/1/2, 112–127.

Vermander, Benoît/Hingley, Liz/Zhang, Liang, 2018, Shanghai Sacred. The Religious Landscape of a Global City, Seattle: University of Washington Press.

Xu, Shengju/Campbell, Heidi A., 2018, Surveying Digital Religion in China. Characterics of Religion on the Internet in Mainland China, The Communication Review 21/4, 253–276.

Digitale Aufführungen des Ausnahmezustands

Caterina Matilde Panunzio

Abb. 2: Diözesanpriester Don Enrico Schibuola (rechts) zelebriert mit zwei weiteren Priestern die Sonntagseucharistie, die mit seinem Smartphone live übertragen wird.

Drei Priester stehen bei der Eucharistiefeier hinter dem Altar vor den leeren Bänken einer nur zur Hälfte beleuchteten Kirche (Abb. 2). Der einzige «Beobachter» ist ein Smartphone, das seitlich auf einem Stativ befestigt wurde und die Messe filmt. Auf der anderen Seite des Smartphones könnte man sich zum Beispiel eine Familie auf dem Sofa vorstellen, die in Echtzeit die Sonntagsmesse vom Wohnzimmer aus mitverfolgt (Abb. 3). Das Ehepaar bekreuzigt sich vor dem Bildschirm eines Laptops, während ihre jugendliche Tochter daneben sitzt und sich durch soziale Netzwerke tippt.

Mit diesen Bildern hält die Fotografin Chiara Negrello eine religiöse Praxis fest, die während der strengen Ausgangssperre zwischen Februar und April 2020 in Norditalien gelebt wurde und teilweise auch im Som-

Abb. 3: Die Familie der Fotografin sitzt am selben Sonntag auf dem Sofa: Ihre El-
tern nehmen über Livestream am Gottesdienst teil, die jüngere Schwester beschäftigt sich solange anderweitig.

mer 2020 in anderen Teilen der Welt galt. Durch die kategorische Schließung religiöser Gebäude und Untersagung sämtlicher Rituale und Ge-
meindeaktivitäten wurde diese digitalisierte Form für praktizierende Ka-
tholik:innen zur alternativlosen Realität des Ausnahmezustands. Nationale
Ausgangsbeschränkungen und Versammlungsverbote verlangten auch seitens der römisch-katholischen Kirche, dass sie ihre Türen den Gläubigen
verschließen und Rituale massiv einschränken musste. Um neue Formen
der Kommunikation zu finden, wurden die schon geläufigen Formate der
Übertragung zentraler kultischer Handlungen in Streaming oder über
Rundfunk – man denke zum Beispiel an den päpstlichen Segen *urbi et orbi*
vor dem Petersplatz in Rom am Ostersonntag – auch auf lokaler und all-
täglicher Ebene verbreitet.

Die Übertragung von Ritualen über elektronische Medien als einzige
Möglichkeit, am gemeinschaftlichen religiösen Leben teilzunehmen, verändert die kirchliche Praxis. Welche neuen Dynamiken entstehen durch
diese Digitalisierung, wie wird etwa eine Eucharistiefeier, die nur gestreamt möglich ist, modifiziert? Was bedeutet es, wenn das kollektive leibli-
che Sakrament durch den individuellen, immateriellen Empfang ersetzt

werden muss? Wie nachhaltig sind diese Veränderungen? Im Ausnahmezustand darf eine gemeinschaftliche Praxis nur in einem virtuellen Raum stattfinden, sodass wesentliche Aspekte des Rituals wegfallen, wie die körperliche, gleichzeitige Teilnahme der Gemeinde. Eine Distanz steht nun zwischen dem Priester und den Gläubigen, räumlich und zum Teil auch zeitlich.

Eine römisch-katholische Liturgie folgt einem vorgeschriebenen Ablauf. Durch diese festgeschriebene Form entsteht im Laufe einer Messe eine besondere Konstellation des Geschehens, die viele Parallelen mit einer Theateraufführung aufweist. Es findet ein Ereignis statt, das in Zeit und Raum begrenzt ist. In diese Interaktion von Akteuren und Zuschauenden fließen trotz der regulierten Form unvorhersehbare Variablen und Reaktionen ein. Betrachtet man rituelle Handlungen aus dieser performativen Perspektive, werden der soziale Charakter der Religionsgemeinschaft hervorgehoben und die gesellschaftliche Rolle von religiösen Ritualen in den Vordergrund gerückt.

Gleichzeitiges Dasein, Flüchtigkeit und Kommunikation

Die medialen Bedingungen des Gottesdienstes ergeben sich an erster Stelle aus der gleichzeitigen, leiblichen Anwesenheit von Priester und Gemeinde. Diese Grundvoraussetzung wird bei einer Live-Übertragung der Messfeier aufgehoben: Rituelle Elemente wie die koordinierte Sprache – Gebetsformeln sowie einstimmiges Gebet und Singen – oder choreografierte Gesten – Niederknien, Sitzen, Stehen, Zeichen des Friedens – können nicht gemeinsam durchgeführt werden. Wenn die gemeinsame Anwesenheit an einem Ort entfällt, ist die rituelle Handlung den Gläubigen daheim überlassen; sie werden nicht von der teilnehmenden Gemeinde beeinflusst. Der Priester kann aber auch nicht auf spontane Emotionen der Teilnehmer:innen wie Lachen oder Weinen oder Ablenkungen wie Geflüster oder Husten reagieren.

Aus der gleichzeitigen Anwesenheit von Akteur:innen und Teilnehmenden sowie ihrer Interaktion resultiert die Flüchtigkeit des Ereignisses, die in der digitalen Übertragung verändert wird. Die Vergänglichkeit des Rituals ergibt sich aus seiner zeitlichen Begrenzung. Doch die Räumlichkeiten und die involvierten Objekte verleihen dem Ritual eine zeitliche Ausdehnung: Das Kirchengebäude, der Altar, der Tabernakel und die liturgischen Objekte bleiben auch nach dem Abschluss des Gottesdienstes bestehen. Die involvierten Menschen, der Priester, die Ministranten und die Teilnehmenden, tragen eine Erinnerung des Erlebten in sich. In diesem Sinne verleihen sie dem einzelnen Ereignis einen Fortbestand.

Durch die digitalen Medien werden Zeit und Raum der Aufführung fragmentiert, verzerrt, angepasst und erweitert. Man löst sich von einem leiblich geteilten Ort, sodass nun die Räume, in denen der Gottesdienst erlebt wird, voneinander getrennt sind. Zwischen den Kirchenraum, in dem der Priester das Ritual durchführt, und die privaten Zimmer, in denen die Gläubigen vor dem Bildschirm sitzen, wird eine Distanz eingeschoben. Das Ereignis wird zeitlich flexibler: Zwar gibt es mehr oder weniger feste Uhrzeiten, bei denen man sich zur Messe einschalten kann, doch was hier und jetzt zelebriert wird, kann man jederzeit ausschalten, anhalten oder eine Woche später als Video auf YouTube, teilweise oder ganz, nachholen. In diesem Fall wird die spezifische Aufführung des Rituals in seiner medialen Darstellung wiederholbar. Die Einmaligkeit einer Messe als Erlebnis an einem bestimmten Ort und zu einer bestimmten Zeit wird aufgelöst. Das Ritual wird digital individuell wiederholbar, jenseits der Gemeinschaft.

Die Transformation von einem einmaligen, flüchtigen Ereignis in einen digital vermittelten, beliebig abrufbaren Datenstrom, den man den eigenen Lebensumständen individuell anpassen kann, beeinflusst die Bedeutungen, die mit dem Gottesdienst verbunden sind. Die kollektive, zwischenmenschliche Interaktion fällt weg: Gemeinsames Betroffensein bei einer Predigt wird durch eine individuelle Interpretation ersetzt, die Wechselwirkung mit dem Priester verschwindet, die gegenseitigen Reaktionen sind nicht wahrnehmbar.

Findet die Eucharistiefeier im Streaming statt, kommen also aufschlussreiche theologische Fragen auf.

Die römisch-katholische Eucharistie und das Paradox der geistigen Kommunion

Im Mittelpunkt einer römisch-katholischen Messfeier steht das Sakrament der Eucharistie. Sie dient als Zeichen, als Verweis auf eine transzendente Dimension, doch gleichzeitig konkretisiert sie die Wirklichkeit und die Gnade Gottes in der Hostie.

Durch die Konsekration, den Akt der Wandlung, werden die Substanzen des Brotes und des Weines in die Substanz Christi gewandelt. Die Lehre dieser Wesensverwandlung, die in der Tradition als Transsubstantiation bezeichnet wird, verweist auf die aristotelische, im Mittelalter weiterentwickelte Trennung von Substanz, dem Wesen, das nicht durch die Sinne wahrnehmbar ist, und Akzidenzien, den wahrnehmbaren, veränderlichen

Eigenschaften. Gemäß dieser Lehre bleibt das konsekrierte Brot in seinen äußerlichen Eigenschaften als solches unverändert sichtbar, wahrnehmbar, fassbar, verzehrbar. Doch nach der Wandlung hat sich dieses Brot im Wesen verändert, sodass es nun den Leib Christi vergegenwärtigt. Dies sind die wesentlichen Züge der römisch-katholischen Lehre der Realpräsenz.

Biblisch wird dieses Vorgehen mit Aussagen aus dem sechsten Kapitel des Johannesevangeliums in Verbindung gebracht. Im Gespräch mit Juden in der Synagoge von Kafarnaum sagt Jesus in Vers 56: «Wer mein Fleisch isst und mein Blut trinkt, bleibt in mir und ich bleibe in ihm.» Aus römisch-katholischer Perspektive wird in diesem Abschnitt die Institution des Sakraments der Eucharistie beim letzten Abendmahl vorangekündigt.

Die Eucharistie ist nicht nur eine geistige, sondern auch eine materielle Handlung, eine sakramentale Kommunikation zwischen den Empfänger:innen des Brotes und der transzendenten göttlichen Dimension. In der Teilhabe am Leib des Auferstandenen wird die Gemeinschaft der Gläubigen konstituiert, die als Einheit in Christus interpretiert wird. Diese Bedeutung, die im Ritual immer wieder vergegenwärtigt wird, ist in einem dichten Traditionsprozess verankert, in dem stets auf die neutestamentlichen Texte verwiesen wird.

Gemäß römisch-katholischer Lehre gibt es Ausnahmefälle, in denen die Kommunion auch ohne den Vollzug der materiellen Handlung möglich ist. Eine geistliche Einheit mit Christus kann stattfinden aufgrund einer angemessenen Vorbereitung oder eines Wunsches, das Sakrament zu empfangen, wenn äußere Gründe dessen Empfang verhindern – wie im Fall der Kirchenschließungen. Bedingungen für eine geistliche Kommunion sind persönlicher Natur, es bedarf seitens der Gläubigen der rechten Bereitschaft und Absicht.

In der digitalen Vermittlung erscheint die Eucharistiefeier während der Pandemie als paradox. Die Vergegenwärtigung des Leibes Christi musste im Lockdown für alle durch einen immateriellen Empfang ersetzt werden: Die durch digitale Medien vollzogene, geistliche Kommunion wurde von der Ausnahme zur Regel. Die Lehre der Realpräsenz zeigt in diesem Zusammenhang, dass die alternativlose, digital vermittelte Kommunion an theologische Grenzen stößt oder zumindest dazu auffordert, diese geistige Form zu reflektieren. Was geschieht, wenn ein Ritual wie die Eucharistiefeier, die von der Körperlichkeit und der physischen Anwesenheit der Teilnehmenden lebt und ausgeht, auf eine digitale Form übertragen wird? Wie verändert sich die Erfahrung eines Sakraments, das keine private Praxis ist, sondern eine grundlegende, soziale und gemeinschaftsstiftende Handlung?

Die Interaktion findet in der Eucharistie nicht nur zwischen den einzelnen Gläubigen und Christus statt, sondern auch zwischen den Gemeindemitgliedern untereinander, die zu dem werden, was sie feiern: dem Leib Christi, der Kommunion der Heiligen. Allein das Wort *Kommunion* verweist auf eine *Communio*, auf eine Gemeinschaft. Sie führt in der Liturgie koordinierte Gesten, Haltungen und Handlungen und regulierte Antworten und Gebete aus.

Elemente der leiblichen Gemeinschaft fallen bei der digitalen Version weg oder werden verändert. Mit der Kirchenschließung wurde in dieser Pandemiezeit deutlich, wie die Infragestellung der Form eine Infragestellung des Inhalts mit sich bringt.

Die Fotografin Chiara Negrello hat sich während des Lockdowns in Norditalien intensiv mit dem Verhältnis zwischen Glauben und Technologie beschäftigt. Die Aufnahmen, die als Ausgangspunkt dieses Beitrags dienen, sind Teil ihres Projektes über den Ausnahmezustand. Die zwei ausgewählten Fotos fassen die paradoxe Wirkung digitaler Medien auf die römisch-katholische Praxis zusammen. Sie zeigen ein Ereignis, das in zwei getrennten Räumen stattfinden muss: Die Priester sind in der Kirche, die Gläubigen sitzen daheim. Die Kontinuität des Rituals wird dadurch ermöglicht, die Kommunion wird geistig und «virtuell» empfangen. Die Teilhabe am Gottesdienst als gemeinsames Erlebnis in Zeit und Raum wird durch eine mediale Form ersetzt, in der das Gemeinschaftsgefühl «digital» erhalten bleibt.

Literatur

Fischer-Lichte, Erika, 2010, Theaterwissenschaft. Eine Einführung in die Grundlagen des Faches, Tübingen: A. Francke Verlag.

Katechismus der Katholischen Kirche: Kompendium, 2005, erarbeitet unter der Leitung von Joseph Ratzinger, München: Pattloch.

Kertscher, Jens/Mersch, Dieter (Hg.), 2003, Performativität und Praxis, München: Wilhelm Fink Verlag.

Stöhr, Johannes, 2015, Geistliche Kommunion – eine mehrdeutige Bezeichnung?, Theologisches. Katholische Monatsschrift, 45/3&4, 185–200.

Volbers, Jörg, 2014, Performative Kultur. Eine Einführung, Wiesbaden: Springer VS.

Wulf, Christoph/Zirfas, Jörg (Hg.), 2004, Die Kultur des Rituals. Inszenierungen, Praktiken, Symbole, Paderborn: Fink.

Ambivalente Deutungen des Virus in Facebook-Communities

Guido Murillo Vélez

Als am 14. Februar 2020 laut der BBC die erste an Covid-19 erkrankte Person aus Madrid nach Ecuador kam, übertrug der Bayerische Rundfunk live die Fastnacht in Franken. Das Virus schien an jenem Valentinstag in den Augen vieler Menschen weit weg zu sein. Einen Monat später sah die Situation anders aus: Weltweit wurden Ausgangsbeschränkungen erlassen. Infektions- und Todeszahlen schnellten in die Höhe. Bilder von nächtlichen Leichentransporten aus Bergamo oder von auf Gehwegen zurückgelassenen Verstorbenen aus Guayaquil (Ecuador) machten den Ernst der Lage deutlich sichtbar. Ich intensivierte den Kontakt zu meiner Familie in Ecuador und beschäftigte mich verstärkt mit Nachrichtensendungen, Zeitungsartikeln und Beiträgen in den sozialen Medien aus meiner Heimat.

Kurz nach Ostern 2020 tauchte in den sozialen Netzwerken in Ecuador der Cartoon auf, der im Zentrum dieses Beitrags steht (Abb. 4). An einem Globus sitzend, stehend oder schwebend, mit dem All als Hintergrund und mit lächelnden Gesichtern unterhalten sich Gott und Satan. Die Botschaft scheint einfach: Gott und die Kirche siegen; der Erzfeind muss sich geschlagen geben. Wer zuletzt lacht, lacht am besten. Bei näherer Betrachtung gewinnt aber diese Nebeneinanderstellung gegensätzlicher Figuren an Kontur. Eine verdichtende und mehrschichtige Aussagekraft des Bildes wird deutlich.

Von einer Unterhaltung unter Freunden zum Cartoon über Erzfeinde

Die Zeichnung stammt aus der Feder von Otto Meza, einem Karikaturisten aus El Salvador, der für die digitale Zeitung *El Faro* arbeitet. In einem Interview bei *El Metropolitano Digital* vom 14. Oktober 2018 hat sich Meza als einen schlechten Atheisten und einen schlechten Christen bezeichnet.

Zum hier reproduzierten Cartoon hat er in einer persönlichen Mitteilung vom 10. Juli 2020 via *Facebook* erklärt, dass die Zeichnung auf einer Unterhaltung zwischen zwei Freunden basiere. Er habe dieses Gespräch dann zeichnerisch umgedeutet. Die Zeichnung gründet also auf einem alltäglichen Gespräch zwischen zwei Kollegen im Kontext der Pandemie in

Abb. 4: Cartoon des Künstlers Otto Meza.
Satan: «Mit Covid-19 habe ich dir die Kirchen geschlossen.»
Gott: «Im Gegenteil. Ich habe eine in jedem Haus geöffnet.»

El Salvador. Meza hat daraus einen Cartoon «über Gott und die Welt» gestaltet.

Der Cartoon spielt mit den gegensätzlichen körperlichen Merkmalen und Symbolen, mit denen die transzendenten Protagonisten dargestellt werden. Auf der rechten Seite ist Gott mit einem Dreieck hinter dem Kopf gezeichnet. Dieses Symbol, das in der christlichen Ikonographie verankert ist, verweist auf die Dreieinigkeit. Die Figur kann also als Gott Vater oder als trinitarischer Gott gedeutet werden. Ihre Hände berühren die Weltkugel nicht. Ihre auf die Erde verweisende Haltung spiegelt zwar den antwortenden Charakter seiner Aussage, lässt aber zugleich einen Interpretationsspielraum: Wie verhält sich Corona zu Gottes Allmacht? Ist das Virus sein Instrument? Wäscht er seine Hände in Unschuld?

Auf der linken Seite steht der Teufel. Er ist jünger dargestellt als Gott, was im hispano-amerikanischen Kontext klar als Ironie zu verstehen ist. «Más sabe el diablo por viejo, que por diablo» lautet ein verbreiteter Spruch, der Teufel wisse mehr, weil er alt, nicht, weil er der Teufel sei. Im Cartoon erscheint er jedoch jünger als Gott und muss sich am Ende dem Allwissenden unterwerfen. Die Hände des Höllenfürsten strecken sich in besitzergreifender Haltung über den Globus aus und verstärken auf diese Weise die Botschaft, dass Corona sein Instrument ist. Auffällig ist ebenso, dass bei Satan nichts auf ein gemeinschaftliches «Wir» hinweist. Der Teufel hat mit dem Virus die Kirchen geschlossen. Und er verschließt sich selbst gegenüber seinem Gesprächspartner, indem er seine Augen zumacht und den Blickkontakt mit seinem Gegenüber vermeidet.

Die Zeichnung inszeniert vielfältige Kontraste zwischen den himmlischen Figuren in den Farben, in der Haltung, der Gestik und der Positionierung; gemeinsam haben die zwei Antagonisten nur das Lachen. Die Spannung des Cartoons liegt in der offenen Frage, wer sich während und am Ende der Pandemie als Sieger erweisen wird.

Eine Kettenreaktion der Umdeutungen

Sehr schnell fand der Cartoon über verschiedene Netzwerke den Weg in die Öffentlichkeit. Er wurde in verschiedenen Ländern Lateinamerikas und später auch in lateinamerikanischen Gemeinschaften weltweit – verbreitet. Die rasche Ausbreitung wurde durch die lockere Haltung des Künstlers gegenüber seinem Werk ermöglicht.

Wir verfolgen die Vervielfältigung der Zeichnung an drei exemplarisch ausgewählten Facebook-Posts, die dem ursprünglichen Cartoon zeitnah folgten.

Jesucristo la ecencia del amor de Dios
13. April · 🌐

¿No saben que ustedes son templo de Dios y que el Espíritu de Dios
habita en ustedes? porque el templo de Dios es sagrado, y ustedes
son ese templo.
1 Corintios 3:16-17 NVI
1co.3.16-17.NVI

👍❤️ 16   5 Mal geteilt

↪️ Teilen

Abb. 5: Facebook-Account von Jesucristo la ecencia del amor de Dios.
«Wisst ihr nicht, dass ihr Gottes Tempel seid und dass der Geist Gottes in euch
wohnt? Denn der Tempel Gottes ist heilig, und ihr seid dieser Tempel. (1. Korin-
ther 3,16–17)»

Im Post einer lateinamerikanischen, evangelikalen Gemeinde in Houston
gibt es drei interessante Veränderungen des Bildes (Abb. 5): Die Akteure
werden durch die hinzugefügte Inschrift hierarchisiert: «Gott» ist
groß-, «teufel» kleingeschrieben. Das Bild wurde außerdem oben abge-
schnitten und der Dialog nach unten versetzt. Die wichtigste Änderung,
die mit dem Zitat aus dem ersten Korintherbrief begründet wird, ist aber
die Anpassung der Rede Gottes: Das Haus wird durch das Herz ersetzt. Damit wird die Verinnerlichung der Botschaft betont, da Gott nun sagt: «Im
Gegenteil. Ich habe eine in jedem *Herzen* geöffnet».

Sociedad Humanista HMS Beagle
13. April · ⊙

Nos encantan los autogoles. Este meme, regado por los grupos de WhatsApp como la obra más hermosa del bipolar, viene siendo uno de los mejores autogoles de la temporada Covid 2020. Desde que salgamos de esta hay que comenzar las gestiones para eliminar facilidades fiscales y cualquier tipo de privilegio que actualmente se le da a iglesias que, queda claro, están de más, en vista de que cada creyente tiene la suya en su propia casa, que es como debe de ser. Así que apoyamos al 100% esta iniciativa emanada de los propios creyentes. Cuenten con nosotros en esta.

👍😀😲 62 ⠀⠀⠀⠀ 5 Kommentare 18 Mal geteilt

↗ Teilen

Abb. 6: Facebook-Account von Sociedad Humanista HMS Beagle
Bildunterschrift: «Die Christen teilen gerade ein Meme, auf dem ihr Gott erklärt, warum die Kirchen nicht notwendig sind. Nehmen Sie Notiz davon.»

In Abb. 6 wird die Botschaft in eine ganz andere Richtung verändert. Diese Publikation einer atheistischen Gruppierung aus der Dominikanischen Republik ist aus mehreren Gründen bemerkenswert. Im einleitenden Text wird auf der einen Seite bestätigt, dass die Zeichnung den Weg von der privaten in die öffentliche Sphäre gefunden hat und schon am 13. April

45

2020 auf *WhatsApp* viral gegangen ist. Auf der anderen Seite wird die Botschaft umgewertet und satirisch als «uno de los mejores autogoles de la temporada Covid 2020», eines der besten Eigentore der Covid-Saison 2020, dargestellt. Demnach sei eine Aufgabe der Gesellschaft nach der Pandemie, alle Bevorzugungen und steuerlichen Privilegien der Kirchen abzuschaffen, denn alle Gläubigen könnten ja eine Kirche bei sich zu Hause haben.

Abb. 7: Facebook-Account von Eduardo Verastegui
«Verwandle dein Haus in ein Gebetshaus. #FriedeundHeil Gott segne Euch, Familie!»

Abb. 7 zeigt einen Post des mexikanischen Schauspielers, Models, Sängers, Filmproduzenten und politisch tätigen Katholiken Eduardo Verastegui, der Ende Juli 2020 1'559'445 Follower hatte. Hier wird der Cartoon mit minimalen Veränderungen (beispielsweise mit den weißen Flügeln im Vordergrund) übernommen und in den Kontext einer religiösen Praxis gestellt: Verastegui ruft mit dieser Karikatur zum Gebet auf. Diesen Aufruf verbindet er über Hashtags mit den Themenbereichen Frieden und Heil, Gottes Segen und Familie. Somit wird hier das Haus mit der Idee der Familie gekoppelt: Im Kreis der Eigenen zu beten, sei die Grundlage von Frieden und Wohlergehen, was wiederum auf die franziskanische Formel *pax et bonum* verweist. Verasteguis Fans antworten auf diesen Aufruf und laden Fotos von ihren privaten Altären und Gebetsnischen hoch.

Diese Abbildungsreihe macht die Dynamik von Rezeption und Neuinterpretation sichtbar. In Abb. 5 wird die religiöse Botschaft des ursprünglichen Cartoons verinnerlicht, in Abb. 6 atheistisch umgewertet. Abb. 7 postuliert eine Verbindung zwischen privater oder familiärer und gemeinschaftlicher Religion und startet einen Aufruf zum Gebet, auf den verschiedene Menschen reagieren. Interaktionen lassen sich auf Facebook gut rekonstruieren, weil das soziale Netzwerk so strukturiert ist, dass ein Bild nicht nur publiziert, sondern auch verarbeitet und mit Text und/oder Zeichen (wie Emojis) erweitert werden kann.

Ende gut, alles gut?

Die Geschichte der Karikatur von Otto Meza zeigt die Komplexität der (medialen) Wirklichkeit auf. Was mit einem alltäglichen Gespräch zwischen zwei Freunden begann, ging durch verschiedene Netzwerke viral und wurde weiterentfaltet und neuinterpretiert. Der ursprüngliche Cartoon generiert ein mannigfaltiges Netzwerk an unterschiedlichen Rezeptions- und Reproduktionsprozessen.

Ilan Danjoux, der politische Cartoons wissenschaftlich untersucht, hebt in seinem Artikel *Don't Judge a Cartoon by Its Image* von 2013 hervor, wie diese Zeichnungen vielfältige Bedeutungen und Formen verdichten können. Nach ihm besteht das Hauptmerkmal eines Cartoons in seinem offenen und vorwegnehmenden Charakter. Ein Cartoon basiert auf einem aktuellen Ereignis, überlässt jedoch seine Interpretation der Fantasie und der Empfindung der unterschiedlichen Betrachtenden, die sich mit einer bestimmten Begebenheit auseinandersetzen. Deshalb operieren diese Illustrationen zeitgleich als Gegenwartsdeutungen – denn sie werden in der Regel in zeitlicher Nähe zu einem bestimmten Ereignis produziert – und als Zukunftsbestimmungen.

Die Untersuchung dieser Art von Medien ist besonders aufschlussreich für die Erforschung von Religion, weil sie einen Einblick in die Art und Weise ermöglicht, wie Religion heutzutage gestaltet wird. Zeichnungen wie jene, die hier im Mittelpunkt stehen, sagen viel über die diversen, das Leben formenden Vorstellungen aus. Zu diesen gehört ganz besonders der Teufel als Inbegriff des Bösen. Diese Gestalt beschäftigt Menschen unterschiedlicher Denkrichtungen seit Jahrtausenden.

Auch Otto Mezas Zeichnung spiegelt diese Dramatik zwischen dem Menschen, der Erfahrung und der Berechenbarkeit der Welt wider. Obwohl der Cartoon Corona auf den ersten Blick dem Teufel zuschreibt, kann das Virus durch das Stilmittel der Ellipse auch Gott zugerechnet werden, als ob er sagte: «Im Gegenteil. *Mit Covid-19* habe ich eine Kirche in jedem Haus geöffnet». Ob die Pandemie Druckmittel des Teufels oder Gottes Gnade sei, lässt die Zeichnung offen.

In diesem Sinne verrät der Cartoon eine Bewältigungsstrategie im Umgang mit der Pandemie in Lateinamerika, die darin besteht, Corona als schwierige Situation und gleichzeitig als Chance anzusehen. Was der Einzelne daraus macht, ist ihm überlassen. Er kann in seinem Herzen oder seinem eigenen Haus eine Kirche errichten oder sich darauf vorbereiten, ungerechte Strukturen, in die die Kirchen verwickelt sind, abzuschaffen.

Literatur

Danjoux, Ilan, 2015, Don't Judge a Cartoon by Its Image, in: Yanow, Dvora/ Schwartz-Shea, Peregrine (Hg.), Interpretation and Method. Empirical Research Methods and the Interpretive Turn, London: Routledge, 353–367.

Leiva, Santiago, 2018, Otto Meza, caricaturista: «Soy un mal ateo y un mal cristiano. No estoy seguro si existen los milagros y no estoy seguro de ser 100% ateo», El Metropolitano Digital, 14.10.2018,
https://www.elmetropolitanodigital.com/2018/10/otto-meza-caricaturista-soy-un-mal-ateo-y-un-mal-cristiano-no-estoy-seguro-si-existen-los-milagros-y-no-estoy-seguro-de-ser-100-ateo/ (aufgerufen am 10.8.2020).

Millán Valencia, Alejandro, 2020, Coronavirus: ¿por qué Ecuador tiene el mayor número de contagios y Muertos per cápita de covid-19 en Sudamérica?, BBC News Mundo, 2.4.2020,
https://www.bbc.com/mundo/noticias-america-latina-52036460 (aufgerufen am 10.8.2020).

Krise und Solidarität im öffentlichen Raum

Der öffentliche Raum nimmt in der Corona-Pandemie eine ambivalente Rolle ein. Während des Lockdowns ist er nur beschränkt zugänglich, und gerade in dieser Phase verändert er sich grundlegend. Der öffentliche Raum, in dem sich das gesellschaftliche Leben abspielt, wandert in die Medien. Indem sie über die Pandemie und ihre Auswirkungen berichten, bieten die Medien Deutungsentwürfe und schaffen neue Orte der Begegnung. Diese medialen Repräsentationen stellen die Welt ausschnitthaft in sprachlichen und visuellen Bildern dar und verbreiten sie über verschiedene Wege.

Häufig handelt es sich um Repräsentationen der als Krise gedeuteten Pandemie, in denen Aufrufe zur und Inszenierungen von Solidarität erfolgen. Religion spielt dabei immer wieder eine zentrale Rolle, sei es in Form von religiösen Institutionen oder religiöser Symbolik. Die Medienbeiträge üben Kritik, verhandeln Erwartungen und diskutieren Verantwortungsbereiche.

Die Pandemie hat sich inzwischen weltweit ausgebreitet, sie kennt keine Grenzen. Trotzdem erweisen sich Grenzen in der medialen Bearbeitung der Krise als wichtig. In den folgenden Beiträgen werden Medien verhandelt, die die Pandemie zwischen Krise und Solidarität, Innen- und Außenraum verorten: Eine TV-Reportage, in der ein Stadtteil als Mikrokosmos dargestellt wird, öffnet einen Aushandlungsort der Verantwortung für solidarisches Handeln. Ein Graffiti, das die italienische Nation repräsentiert, bietet Interpretationsräume zwischen Hoffnung und Kritik. Beide Medien gestalten Gemeinschaften und ziehen Grenzen, religiöse Symbole und Weltdeutungen spielen dabei eine zentrale Rolle.

Verena Marie Eberhardt, 1993, ist Doktorandin und wissenschaftliche Mitarbeiterin am Lehrstuhl für Religionswissenschaft und Religionsgeschichte an der Evangelisch-Theologischen Fakultät der Ludwig-Maximilians-Universität in München.

> Innerhalb kurzer Zeit hat sich mein Alltag komplett verändert. Die Lehrveranstaltung wurde zum Online-Seminar, auch Teambesprechungen und Sitzungen haben wir kurzerhand online umgesetzt. Trotz hunderter Kilometer Entfernung waren wir uns dank digitaler Kommunikation ganz nah.

Hannah Griese, 1993, ist Doktorandin am Lehrstuhl für Religionswissenschaft und Religionsgeschichte an der Ludwig-Maximilians-Universität München.

> Während des Lockdowns wurde mir umso deutlicher bewusst, wie sehr unsere Vorstellungen von der Welt und davon, was in ihr passiert, auf Medienberichten beruhen.

Solidarität zwischen Kirche und Suppenküche

Verena Marie Eberhardt

Hamburg-St. Pauli ist einer der bekanntesten Stadtteile in Deutschland. Jahr für Jahr strömen Millionen von Besucherinnen und Besucher auf die Reeperbahn und die umliegenden Straßen, um sich zu vergnügen. Die knapp 30-minütige TV-Dokumentation DIE REEPERBAHN IN DER CORONA-KRISE (Alexander Cierpka/Tom Häussler, D 2020) des Norddeutschen Rundfunks (NDR) zeigt, wie sich das Stadtviertel, das sonst eher für seine legere Lebensart bekannt ist, während der Corona-Pandemie verändert hat. Die Reportage wurde am Freitag, 17. April 2020 im NDR ausgestrahlt und am nächsten Tag wiederholt, war in der ARD-Mediathek zu sehen und ist nun auf dem YouTube-Kanal *NDR Doku* verfügbar. Dort wurde das Video bereits über eine Million Mal aufgerufen und knapp 2000-mal kommentiert.

Die Dokumentation porträtiert verschiedene Personen Anfang April 2020 mitten in der Shutdownphase: einen Polizisten, zwei Gaststättenbetreiber, Sexarbeiterinnen, Wohnungslose, einen Theaterbetreiber sowie einen Kantor und einen Pfarrer der römisch-katholischen Gemeinde. Der Fernsehbeitrag fokussiert auf unterschiedliche Strategien, mit den Herausforderungen der Corona-Pandemie umzugehen. Die Geschichte, die der Film erzählt, ist voller Kontraste. Das sonst so volle Stadtviertel ist leer, «Hamburgs härteste Kneipe» wird zur Suppenküche, die Polizei spendet Trost und Zuspruch. Zusammenhalt, Solidarität und Zuversicht werden als verbindendes Gut des Stadtviertels präsentiert (Abb. 8).

Es ist erstaunlich, dass gerade in einer Dokumentation über das Vergnügungsviertel par excellence Vertreter religiöser Institutionen eine zentrale Rolle spielen. Meine Lektüre der Dokumentation fokussiert darauf, wie auf bestimmte Rollen, Erwartungen und normative Vorstellungen gegenüber den Kirchen verwiesen wird.

Die Krise im Spiegel des Leidenswegs Jesu

Eingeleitet mit dem Erklingen eines Glockenspiels in der Melodie des Beatles-Songs *Yesterday* und einer Nahaufnahme des Straßenschilds *Große*

Abb. 8: Gastwirt Daniel Schmidt und Pfarrer Karl Schultz begrüßen sich mit einer Berührung der Ellbogen, Die Reeperbahn in der Corona-Krise, Szenenbild (00:19:56).

Freiheit wird ein Kontrast zwischen der inzwischen vergangenen Normalität und den temporären Beschränkungen während der Pandemie geschaffen. Wir hören eine Stimme aus dem Off:

> Große Freiheit. Eine Straße voller Mythen und Legenden. Berühmte Clubs dicht an dicht. In jedem wird auf eigene Art gefeiert. Normalerweise.

Der uns als Pfarrer vorgestellte Karl Schultz zieht eine Analogie zu den Clubs und präsentiert die Kirche als Teil der Stadt:

> Wir hier sind der älteste Club in dieser Straße. 1653 haben wir hier ein Religionsprivilegium bekommen und daher hat die Straße ihren Namen, große Freiheit bezieht sich nämlich auf Religions- und Gewerbefreiheit.

Die Große Freiheit ist eine der berühmtesten Straßen St. Paulis. Entgegen der Erwartung, dass sich der Pfarrer davon abgrenzen könnte, situiert er seine römisch-katholische Kirche bewusst als Teil des Vergnügungsviertels. Diese Verbindung wird auch symbolisch unterstrichen: Im Musikclub Indra, der sich gegenüber der Kirche St. Joseph befindet, hatte die britische Band *The Beatles* ihre ersten Auftritte. Das Glockenspiel erklingt in der Melodie ihres Songs *Yesterday*. Zum einen wird die Verbindung zwischen der

Kirche und der Großen Freiheit verdeutlicht, zum anderen erscheint das Lied im Blick auf die Veränderungen, die die Corona-Pandemie mit sich bringt, geradezu treffend.

In der nächsten Szene führt ein goldenes Kreuz die christliche Kirche ein. Auf der Tonebene sind die ersten Takte von Johann Sebastian Bachs Toccata und Fuge in d-Moll zu hören. Durch die Musik wird in der Montage eine dramatische, ernsthafte Stimmung erzeugt. Das berühmte Werk, das aus der lutherischen Tradition stammt, wurde durch vielfache Bezüge in der Populärkultur zum Symbol religiöser Pathetik. Dieser bekannte Verweis wird auch in dieser Reportage über die katholischen Gemeinden St. Theresien und St. Joseph Altona eingesetzt. Die Kirche wird als verlassener Ort ohne Besucher:innen dargestellt, die Stimme aus dem Off verstärkt diesen Eindruck:

Jetzt spielt Kantonist Klaus-Werner Held alleine vor leeren Rängen.

Wir sehen den Kantor, der die Toccata an der Orgel spielt und erfahren, dass die Aufnahmen am Palmsonntag gemacht wurden. Der Kantor, der als Person tiefer Überzeugungen dargestellt wird, zieht Verbindungen zwischen der aktuellen Situation und dem Kirchenjahr:

Die Menschen fehlen, die Stimmung fehlt, aber irgendwie passt es dann doch zu den Tagen, die vor uns liegen, die ja für Christen auf die Kreuzigung zuführen und in der dann im Endeffekt auch die Hoffnung für die Christenheit steckt, nämlich Auferstehung. Das ist für mich – Sie merken, mir kommen fast die Tränen – das ist schon fast eine Erlösung, statt zu Hause zu sitzen, wenn ich hier an der Orgel sitzen kann.

Auch der Pfarrer deutet die Krise im Kontext der Leidensgeschichte Jesu. Wir sehen Karl Schultz, der die Eucharistie vorbereitet: Er richtet die Gaben her, segnet sie, trägt sie zum Altar, entzündet eine Kerze, legt eine Stola an und feiert in Anwesenheit von nur zwei Personen die Messe. Auf der Tonebene ist der Pfarrer zu hören:

Das Besondere ist, dass [wir] das, was wir sonst im Wort gestalten, heute tatsächlich vollzogen haben. Denn Jesus ist vor 2000 Jahren diesen Weg auch alleine gegangen. Und das ist für mich etwas ganz Besonderes, diese Nähe zum eigentlichen Geschehen zu haben. Dass bestimmte Wege im Leben wir allein gehen müssen.

Durch die ausführliche Darstellung der rituellen Handlungen veranschaulicht die Dokumentation, was in der Kirche passiert, wie der Gottesdienst abläuft und verdeutlicht auch, dass dieses Ritual als wichtig erachtet wird.

Die mediale Darstellung des Pfarrers, des Kantors und der Kirche folgt zwei Ansätzen: Zum einen wird Religion als orientierungsstiftende Lebensdimension behandelt. Angesichts der plötzlichen Bedrohung und drastischen Veränderung des Alltags spendet sie Trost und Zuversicht. Zum anderen trägt sie dazu bei, ein Gemeinschaftsgefühl zu formen.

Die TV-Dokumentation ist in ihrer narrativen Struktur vom Kontrast einer vorpandemischen Normalität und einer bedrohlichen, ungewissen Realität geprägt. Mit der Darstellung des Pfarrers und des Kantors interpretiert die Reportage Religion als eine Form von Kontingenzbewältigung. Damit wird Religion als eine Strategie vorgestellt, mit der das, was als unkontrollierbar, riskant oder unverfügbar gilt, mit Sinn versehen werden kann und dadurch als bewältigbar wahrgenommen wird. Im Kontext der Dokumentation wird die Corona-Pandemie als Krise charakterisiert. Ihr bedrohliches Potential entfaltet sich in der Wahrnehmung des Unberechenbaren und Unkontrollierbaren, das mit der Verbreitung des Virus aber auch mit der Ungewissheit bezüglich der Zukunft einhergeht.

Sowohl der Kantor als auch der Pfarrer versuchen, der Pandemie einen Sinn zu geben. Vor dem Hintergrund des christlichen Osterfestes verdeutlichen sie, dass das Alleinsein eine Annäherung an das Leben Jesu sein kann und verweisen auf die christliche Hoffnung auf Auferstehung und Erlösung, die analog zur Krise gedeutet werden kann. Das filmische Porträt des Pfarrers und der Kirche als Teil der Stadt kontrastiert bewusst den Eindruck von Leere und Alleinsein. Der Pfarrer besucht eine Gaststätte, die er zuvor gesegnet hat. Die Off-Stimme kommentiert:

> Pfarrer Karl Schultz ist täglich auf dem Kietz unterwegs. Vor ein paar Tagen hat er den Elbschlosskeller gesegnet. Die Kneipe, die immer mehr zur festen Anlaufstelle für Hilfsbedürftige wird.

Wir erfahren, dass der Segensspruch einen Ehrenplatz erhalten habe (Abb. 9).

In einem Gespräch zwischen Pfarrer und Gastwirt wird der gemeinschaftsstiftende und alltagsorientierte Aspekt der Eucharistie betont. Der Pfarrer sagt:

> Aber weißt du, worauf ich mich freue? Wenn die ganze Scheiße vorbei ist. [...] Und wir hier ein Bier trinken.

Die TV-Reportage transferiert die Eucharistie, in der die Erlösung, Auferstehung und Gemeinschaft Jesu gefeiert wird, in den Kontext des öffentlichen Lebens. Das gemeinsame Feiern vereint den Pfarrer und den Gastwirt, die neue Formen der Verständigung entwickeln. Der Wirt schildert einen Gegensatz zwischen seiner ursprünglichen Haltung gegenüber Reli-

Abb. 9: Der Elbschlosskeller, der sich als Anlaufstelle für Hilfsbedürftige etabliert hat, wurde gesegnet, Die Reeperbahn in der Corona-Krise, Szenenbild (00:20:09).

gion und der emotionalen Betroffenheit, die die Segnung seiner Gaststätte ausgelöst hat:

> Ich bin 'n ehrlicher Mensch, also mit Glauben hab ich nicht viel am Hut, aber als das hier war, hab ich auch das erste Mal Gänsehaut bekommen.

Die Reportage illustriert die Sensibilität, mit der den verschiedenen Institutionen durch solidarisches Handeln Wert zugeschrieben wird. Daniel Schmidt wird in der Dokumentation begleitet, während er Schlafsäcke, Kleidung und Essenspakete an Hilfsbedürftige verteilt und seine Gaststätte als Anlaufstelle für ein warmes Mittagessen zur Verfügung stellt.

Die Reeperbahn als Mikrokosmos

Aufschlussreich sind auch die Kommentare zur Dokumentation, die unter dem Video auf YouTube zu lesen sind. Hier werden die Erwartungen an die Kirche sehr deutlich zum Ausdruck gebracht. Viele beziehen sich auf die Rolle von Daniel Schmidt und sein Engagement für Hilfsbedürftige, so zum Beispiel «Daniel vom Elbschlosskeller, für mich Mutter Teresa für die Obdachlosen und hier zeigt sich der wahre Mensch! Ein großes Danke an

Daniel und seine Helfer!» oder «Der Daniel beweist, dass noch Gutes im Menschen steckt. Und er zeigt, dass das äußere Erscheinungsbild nichts über den Menschen aussagt. Das ist absolut echt. Vielen Dank dafür.» In manchen Kommentaren wird auch der Pfarrer als Sympathieträger in der Dokumentation genannt: «Der Priester ist echt cool drauf» oder «Sehr gut wie ihr den Pfarrer gezeigt habt. Das hat einen besonderen Eindruck hinterlassen.»

Dennoch wird auch Kritik an der Kirche und ihren Vertretern deutlich gemacht: «Es wirkt schon irgendwie komisch, dass der Elbschlosskeller Kleidung und Essen verteilt und nicht die Kirche. Was hätte Jesus wohl getan? Respekt an die Helfer!», «Hilft der Pastor auch den Bedürftigen? Hut ab dem Elbschlosskeller!» oder «Während der katholische Geistliche[r] nichts tut für die Menschen auf der Straße...»

Die Erwartungen der Zuschauer:innen werden insofern durchkreuzt, als nicht die Kirche als Ort der Solidarität und Unterstützung dargestellt wird, sondern eine Gaststätte mit einem Wirt, der erzählt, dass er dafür den Bausparvertrag seines Sohnes aufgelöst habe. In den Kommentaren wird deutlich, dass die Kirche als religiöse Institution als einer der zentralen Träger von Solidarität gedeutet wird. Deswegen finden viele es bemerkenswert, dass ein Gastwirt die Funktion übernimmt, die von der Kirche erwartet wird.

Die Reportage thematisiert Solidarität und Unterstützung und öffnet damit einen Aushandlungsraum für die Zuschreibung von Verantwortung und die erwartete Funktion der Kirche in der Gesellschaft. Die Kommentare verdeutlichen, dass Solidarität nicht als symbolischer Akt, wie beispielsweise die Segnung der Gaststätte, sondern als tatkräftige Unterstützung Hilfsbedürftiger verstanden wird.

Die Darstellung der Personen des Pfarrers und des Kantors hingegen inszeniert die Reeperbahn als Mikrokosmos, in dem echte Gemeinschaft erlebt werden kann. Die Kirche, der Kantor und der Pfarrer werden als ein Ankerpunkt des gesellschaftlichen Zusammenlebens in Krisenzeiten präsentiert. Neben der Polizei, Gaststättenbetreibern, Kulturschaffenden, Sexarbeiterinnen und Wohnungslosen wird die Kirche in der Dokumentation zum elementaren Bestandteil des Stadtviertels. Während die Pandemie in allen Teilen der Welt das Leben und den Alltag der Menschen verändert und nationale Grenzen überwindet, werden Grenzräume in der Krise geschaffen, indem ein Stadtteil als eigene Weltordnung beschrieben wird.

Durch die Hervorhebung von Solidarität und Zusammenhalt der Gewerbetreibenden trägt die TV-Reportage zur Konstruktion einer kollektiven Identität bei. Im Film stellt St. Pauli nicht nur einen Hamburger Stadtteil dar, sondern symbolisiert zugleich einen sozialen Interaktionsraum, in dem sich Menschen begegnen und gegenseitig unterstützen: Gemeinschaft, Solidarität und Zuversicht konkretisieren sich in St. Pauli. Die Dokumentation transformiert einen bestimmten Mikrokosmos zu einem gesellschaftlichen Raum des Zusammenhalts, der allen im Internet zugänglich ist. Solidarität und Zuversicht charakterisieren nicht nur die Bewohner:innen von St. Pauli, sondern bergen ein Identifikationspotential mit den Zuschauer:innen. Die Reeperbahn wird damit zum symbolischen Ort der Solidarität in der Krise, der als Vorbild für unser Handeln dienen kann.

Literatur

Luhmann, Niklas, 1992 (1977), Funktion der Religion, Frankfurt am Main: Suhrkamp.

Tranow, Ulf, 2012, Das Konzept der Solidarität. Handlungstheoretische Fundierung eines soziologischen Schlüsselbegriffs, Wiesbaden: Springer.

Zarnow, Christopher/Klostermeier, Birgit/Sachau, Rüdiger (Hg.), 2018, Religion in der Stadt. Räumliche Konfigurationen und theologische Deutungen, Berlin: EB-Verlag.

Leid und Hoffnung einer Nation im Graffiti

Hannah Griese

In Zeiten der Corona-Krise gewinnt die Idee der Nation an Bedeutung: Grenzen werden geschlossen, jeder Staat hilft zunächst vor allem sich selbst. Politiker:innen und Medien appelieren an die Solidarität der Bürger:innen und inszenieren die Nation als eine Leidens- und Schicksalsgemeinschaft, die in der Krise zusammenhält. Medien spielen eine wichtige Rolle bei der Konstruktion von nationalen Gemeinschaften, indem sie Gefühle der Gemeinsamkeit und Zusammengehörigkeit vermitteln. Auch während der Pandemie thematisieren verschiedene mediale Gattungen (nationalen) Zusammenhalt, wobei sie mitunter auf religiöse Motive zurückgreifen. Dieser Beitrag widmet sich einer besonderen Art von Bildern, dem Graffiti.

Rund um die Welt entstehen zurzeit zahlreiche Streetart-Werke, die sich mit der Corona-Krise auseinandersetzen. Immer wieder finden sich dabei Darstellungen von (vorwiegend weiblichem) Krankenhauspersonal, wobei häufig auf religiöse Symbole und Motive zurückgegriffen wird. Diese Kunstwerke, die im weitesten Sinne des Begriffs als «Graffitis» bezeichnet werden können, befinden sich im öffentlichen Raum, doch ihre große Reichweite erhalten sie durch ihre mediale Verbreitung: Sie werden fotografiert, über soziale Medien, Zeitungen oder Nachrichtenkanäle verbreitet und erreichen somit ein globales Publikum.

Ende April 2020 wurde die Fotografie eines Graffitis aus der norditalienischen Stadt Bergamo auf Twitter gepostet (Abb. 10). Es zeigt eine Frau in Krankenhauskleidung und mit Flügeln, die den kartografischen Umriss Italiens in den Armen hält. Dabei handelt es sich um die Vergrößerung eines digitalen Ölgemäldes des italienischen Künstlers Franco Rivolli mit dem Namen *Angels*, das auch unter dem Titel *La dottoressa che culla l'Italia* (*Die Ärztin, die Italien wiegt*) bekannt geworden ist. Das Poster befindet sich an der Fassade des Papa Giovanni XXIII. Krankenhauses in Bergamo. Es erreichte insbesondere in Italien große Beachtung.

Abb. 10: *La dottoressa che culla l'Italia*, Vergrößerung eines Werkes von Franco Rivolli an der Wand des Papa Giovanni XXIII. Krankenhauses in Bergamo.

Die meisten Menschen – wie auch ich – sehen nicht das originale Graffiti unmittelbar vor Ort, sondern eine Reproduktion, die zum Beispiel über soziale Medien verbreitet wurde. Das ist eine wichtige Bemerkung, weil die zirkulierenden Fotografien des Werkes einen spezifischen Blick auf das Kunstwerk, eine bestimmte Perspektive sowie einen ausgewählten Ausschnitt vorgeben. Die Reproduktion ist somit selektiv und beeinflusst unsere Wahrnehmung des Graffitis erheblich. So wird die Wirkung beispielsweise dadurch verändert, dass wir das Wandbild auf dem Foto viel kleiner sehen, als es in Wirklichkeit ist, wodurch es weniger eindrucksvoll wirkt. Auch ist eine Fotografie zweidimensional und fixiert die Distanz der Betrachtung sowie Größen-, Farb- und Lichtverhältnisse. Der Blick auf das Kunstwerk ist den Rezipierenden somit vorgegeben. Wie die Betrachter:innen blicke ich in dieser Analyse durch die fotografische Reproduktion auf die außermediale Wirklichkeit, das eigentliche Graffiti an seinem eigentlichen Ort, dem Krankenhaus in Bergamo.

Zwischen Schutz und Apokalypse

Das Wandbild zeigt eine junge Frau in blauem Kittel mit Handschuhen, Haube und Mundschutz, die die rot gefärbte Silhouette sowie die Flagge Italiens in den Armen hält. Am Rücken der Frau befinden sich helle Flügel. Über ihrem Kopf sind die Worte «A Tutti Voi… Grazie!» («Euch allen… Danke!») geschrieben, in der unteren linken Ecke befindet sich das Logo des Papa Giovanni XXIII. Krankenhauses. Allem Anschein nach gehört die Frau zum Krankenhauspersonal – der Titel des Bildes weist sie als Ärztin aus, der Darstellung nach könnte es auch eine Krankenpflegerin sein. Sie hält die italienische Nation, symbolisiert durch Silhouette und Flagge, in den Armen, wie eine Mutter ihr kleines Kind.

Das Bild enthält verschiedene Verweise auf die christliche Tradition. Ein solches Vorkommen religiöser Motive außerhalb dezidiert religiöser Kunst und außerhalb der Einflussbereiche religiöser Institutionen ist dabei nicht ungewöhnlich, man denke nur an Bereiche wie Werbung oder Spielfilme. Die Symbole werden dabei zwar aus dem Repertoire der jeweiligen Tradition entnommen, jedoch individuell weiterentwickelt, miteinander sowie mit anderen Bildelementen verknüpft oder gar umgedeutet, indem beispielsweise ein Bezug zu aktuellen gesellschaftspolitischen Kontexten hergestellt wird.

Einen sehr expliziten Verweis im vorliegenden Graffiti stellen zunächst die Flügel dar, die auf Engelsfiguren verweisen. In der christlichen Tradition sind Engel übernatürliche Wesen, die im Dienste Gottes stehen. Sie können unterschiedliche Funktionen übernehmen und als Boten auftreten oder als Schutzengel einzelner Menschen und ganzer Völker fungieren. Sie geleiten aber auch die Seelen der Verstorbenen ins Jenseits, vollstrecken die Urteile Gottes und erscheinen am Tag des Jüngsten Gerichts.

Schon hier wird eine Zweideutigkeit der Darstellung ersichtlich: Einerseits stellt das Wandbild ganz klar die als Engel stilisierte Ärztin als Retterfigur und als Beschützerin der italienischen Nation dar. Andererseits findet

sich hier ein apokalyptisches Moment, indem die Engelsfigur auch als Anspielung auf den Tag des Jüngsten Gerichts, auf ein Urteil Gottes oder auf
das Sterben gelesen werden kann. Diese Zweideutigkeit wird durch den
möglichen Verweis auf die «apokalyptische Himmelsfrau», einem wieder-
kehrenden Motiv christlicher Kunst, verstärkt. Im 12. Kapitel der Johan-
nesapokalypse, des letzten Buches der Bibel, wird beschrieben, wie Gott
einer bedrohten, kurz vor der Geburt ihres Sohnes stehenden Frauenfigur
Flügel verleiht, damit sie in die Wüste fliehen und sich vor einem Drachen
retten kann. In der Rezeption dieses Textes wurde diese Figur mit der Mutter Jesu identifiziert. Vor dem Hintergrund dieser Verdichtungen und
Überlappung von Anspielungen und Motiven sind unterschiedliche Deutungen von Rivollis Bild möglich: die Flügel als Rettung Gottes vor dem
Virus sowie eine Ankündigung der Apokalypse.

Zwischen Leid und Hoffnung

Ein weiterer, auf den ersten Blick vielleicht weniger expliziter Verweis auf
die christliche Tradition findet sich in der Komposition des Bildes, die
stark an andere Darstellungstypen von Maria erinnert. Dabei vereint das
Bild zwei verschiedene Motive in sich: zum einen Maria mit dem Jesuskind. Dabei handelt es sich um eine Form der Mariendarstellung, die seit
dem Hochmittelalter verbreitet ist und die Maria als Figur der Barmherzig-
keit und der Zuflucht, die sich in mütterlicher Liebe zu den Menschen
herabneigt, zeigt. Dadurch werden Fürsorge und Geborgenheit symbolisiert: Italien befindet sich in den Armen einer fürsorglichen Mutter. Diese
Deutung wird von den Engelsflügeln unterstützt. Italien wird von einer als
Maria mit Engelsflügeln stilisierten Ärztin versorgt, wodurch Hoffnung
oder gar eine eschatologische Verheißung ausdrückt wird.

Zum anderen erinnert die Komposition an das Motiv der *Pietà*, der trauernden Maria mit dem toten Jesus im Arm (Abb. 11). Diese *mater dolorosa*,
auf Deutsch auch als «Schmerzensmutter» bezeichnet, stellt einen Bezug
zur Passionsgeschichte her und lädt die Betrachtenden ein, das Leiden Ma-
rias beim Anblick ihres verstorbenen Kindes mitzuerleben. Vor diesem
Hintergrund betrachtet, hebt das Graffiti das Leiden der italienischen Nation in der Corona-Pandemie hervor. Italiens Silhouette ist blutrot, es liegt
im Sterben. Die Nation schwebt zwischen Leid und Hoffnung, sie liegt im
Sterben, aber auch in den fürsorglichen Armen einer Mutter – der Mutter
Gottes. Auffällig ist, dass Italien den Platz einnimmt, an dem sich in Mari-
endarstellungen üblicherweise Jesus befindet. Dabei ist Italien zugleich der
sterbende Jesus und das neugeborene Jesuskind. Die italienische Nation

Abb. 11: Das *Pietà*-Motiv auf der Außenfassade eines Hauses in der Nähe der Stadt Mailand. Diese mittelalterliche Darstellung der trauernden Mutter Jesu ist bis heute im europäischen öffentlichen Raum weit verbreitet und wird in zahlreichen Stilen und Adaptionen dargestellt.

schwebt in dem Bild zwischen Leid, Todesdrohung und Hoffnung oder gar einem Heilsversprechen: Jesus ist auferstanden, diese Verheißung liegt auch für Italien im Bild.

Die Nation wird zugleich als Leidensgemeinschaft und als geborgen inszeniert. Die Figur der beflügelten Ärztin schwebt zwischen den Ikonographien der Mutter der Nation und der Mutter Jesu mit simultanen Verweisen auf Leiden und Hoffnung. Das Wandbild hebt dabei die nationale Gemeinschaft hervor, indem ausschließlich Italien dargestellt wird und nicht etwa Europa, die Welt oder nur die Lombardei oder Bergamo. Damit ist das Graffiti an Grenzziehungsprozessen beteiligt, indem es Italien als eine abgeschlossene Schicksalsgemeinschaft inszeniert.

Das Bild enthält einen gleich vierfachen Verweis auf die italienische Nation: Neben Stiefel und Flagge ist Blau Italiens Farbe im Sport. Zudem werden Nationen häufig als Frauen abgebildet. Insofern kann die Frau auf dem Bild auch als personifizierte Darstellung der italienischen Nation gelesen werden.

Angesichts der Deutungshorizonte, die sich anhand der möglichen Verweise auf Maria-Jesus-Kompositionen sowie die Personifikation der Nation eröffnen, wird der vielschichtige und zwiespältige Charakter des Bildes umso deutlicher.

Zwischen Dank und Protest

Als Bildgattungen des öffentlichen Raums leben Graffitis von ihrer Wechselbeziehung zum spezifischen Ort, an dem sie angebracht wurden. Dieser partikuläre Raum prägt die Bildwahrnehmung, ebenso wie das Kunstwerk die Wahrnehmung des Raumes beeinflusst. In diesem gegenseitigen Bezug entfaltet sich um das Bild ein Kommunikationsprozess, in dem vielfältige politische und religiöse Bedeutungen, Weltbilder und Konzepte verhandelt werden. Als öffentlich sichtbare Kunstwerke, die nicht zuletzt durch ihre Größe städtische Räume verändern, sind Graffitis privilegierte Medien, um gesellschaftspolitische Fragen aufzuwerfen.

Im Kontext der Corona-Krise stellen sie eine Form der Verarbeitung und Begleitung aktueller Geschehnisse dar. Aufgrund ihrer Entstehungsgeschichte ist diese spezifische Ausdrucksform eng mit Formen gesellschaftlichen Protests verbunden und weist einen kritischen Zug gegenüber bestehenden sozial-politischen Verhältnissen auf. In jedem Fall setzt ein solches Kunstwerk politische Kommunikationsprozesse in Gang und wirkt sich somit auf die gesamte Gesellschaft aus. Darüber hinaus «verlassen» Graffitis im Zuge ihrer medialen Reproduzierbarkeit die Straßen, indem sie fotografiert und über soziale Medien verbreitet werden. Damit wird der physische Stadtraum mit dem digitalen, medialen Raum verschränkt.

Damit wird ein weiterer Bedeutungshorizont von *La dottoressa che culla l'Italia* enthüllt: Obwohl das Wandbild ganz explizit Dank gegenüber dem Krankenhauspersonal ausdrückt, kann es auch als Kritik am italienischen Gesundheitssystem und damit am Umgang der Regierung mit der Pandemie und den Ressourcen gesehen werden. Indem es im öffentlichen Raum angebracht wurde und damit im Bereich des Staates, der gerade in der Krise seine Macht über diesen Raum in Form der Ausgangsbeschränkungen demonstriert hat, fordert das Kunstwerk die Deutungsmacht über den öffentlichen Raum für das Volk zurück. Dieser subversive Zug suggeriert somit eine Anklage an den Staat für das Leiden und Sterben des italienischen Volkes und beschwört die Souveränität, Solidarität und Zusammengehörigkeit der Bürger:innen.

Zwischen Tod und Erlösung

Durch die mediale Verbreitung und die Verschmelzung des Wandbildes mit seinen unzähligen Reproduktionen wird das Graffiti in Bergamo zum Sinnbild des gesamten öffentlichen, nationalen Raums, das eine allgemeine italienische Identität prägt. Dies ist umso bemerkenswerter, als der öffentliche Raum in der Corona-Krise nur beschränkt zugänglich ist. Der mediale Raum ersetzt in der Pandemie die begehbaren öffentlichen Orte der Gesellschaft. Somit macht das Kunstwerk das Krankenhaus und Bergamo zum symbolischen Ort der Corona-Krise, an dem sich das Schicksal der italienischen Nation entscheidet. In dem Wandbild und seiner medialen Verbreitung verschränken sich begehbarer und medialer öffentlicher Raum. Der begehbare wird in den medialen Raum eingebettet und der mediale Raum dient zur Beanspruchung und Bedeutungszuschreibung des begehbaren Raums. In der Folge verschwimmt im Foto-Graffiti die Wahrnehmung der beiden Dimensionen des öffentlichen Raums. Der nationale Identitätsraum Italiens wird somit auf den medialen Raum ausgeweitet.

In diesem Kontext spielt die Mehrdeutigkeit des Bildes eine wesentliche Rolle: Die Darstellung verbindet Schutz und Apokalypse, Leid und Trost, drohenden Tod und Hoffnung auf Erlösung. Je nach Betrachtungsweise rückt die eine oder die andere Bedeutung in den Vordergrund. Dabei können Elemente des Kontextes die jeweiligen Deutungsweisen befördern. Der Schriftzug, der Dank gegenüber dem Krankenhauspersonal zum Ausdruck bringt sowie die fürsorgliche Handhaltung der Ärztin können den Aspekt der Hoffnung unterstützen. Die Kleidung der Intensivstation und die blutrote Farbe des italienischen Stiefels wiederum betonen Tod und Leid. Im Wandbild sind vielfältige Bedeutungen angelegt. Ihre letztendliche Deutung liegt bei den Betrachtenden.

Das Graffiti greift auf ein christliches, gesellschaftlich geteiltes Bildrepertoire zurück. Die Verweise auf religiöse Motive unterstützen die Deutungen des Leidens und der Hoffnung Italiens im Horizont der christlichen Heilsgeschichte. Das Leid und die Hoffnung Italiens sowie die gesamte Nation werden dadurch in einen größeren und religiösen Bedeutungszusammenhang gestellt. Dadurch wird der Corona-Krise eine Art Sinnhaftigkeit zugeschrieben, indem die Anspielung auf die christliche Heilsgeschichte dem Leid einen Sinn verleiht und Erlösung verspricht. Indem das Wandbild religiös konnotierte Motive und Narrative hervorruft, die im kollektiven Gedächtnis verankert sind, entfaltet es eine starke emotionale Wirkung und erlangt Glaubwürdigkeit: *Die Ärztin, die Italien wiegt*, wird damit zur nationalen Ikone der Krise stilisiert.

Literatur

Glaser, Katja, 2017, Street Art und neue Medien. Akteure – Praktiken – Ästhetiken, Bielefeld: transcript.

Hipfl, Brigitte, 2004, Medien als Konstrukteure (trans-)nationaler Identitätsräume, in: Hipfl, Brigitte/Klaus, Elisabeth/Scheer, Uta (Hg.), Identitätsräume. Nation, Körper und Geschlecht in den Medien. Eine Topografie, Bielefeld: transcript, 53–59.

Klee, Andreas, 2010, Graffiti als Medium des Politischen?!, in: ders. (Hg.), Politische Kommunikation im städtischen Raum am Beispiel Graffiti, Wiesbaden: VS Verlag für Sozialwissenschaften, 109–119.

Klitzke, Katrin/Schmidt, Andreas, 2009, Steet Art. Legenden zur Straße, Berlin: Archiv der Jugendkulturen Verl.

Pezzoli-Olgiati, Daria, 2016, Sichtbare Religion. Bilder, Blicke und Visualität als Grundthemen der Religionswissenschaft, SAGW Akademievortrag, Bern: Schweizer Akademie der Geistes- und Sozialwissenschaften.

Schmidt, Heinrich/Schmidt Margarethe, 2018 (1981), Die vergessene Bildersprache christlicher Kunst. Ein Führer zum Verständnis der Tier-, Engel- und Mariensymbolik, München: C.H. Beck, 2. Aufl.

Unterhaltung in der Pandemie

«Ich sitze zu Hause und langweile mich», singen Bela B, Farin Urlaub und Rodrigo González von der Berliner Band *Die Ärzte* nacheinander in ihrem Song *Ein Lied für Jetzt*. Wie die drei haben in den Monaten der Ausgangsbeschränkung im Frühling 2020 auch viele andere Leute zuhause Däumchen gedreht, Löcher in die Luft gestarrt und sich gefragt, wohin das alles führen soll. Was in einer solchen Situation hilft? Unter anderem Ablenkung und eine Erklärung, was in der Welt passiert.

Beides, sowohl das Unterhalten als auch das Erläutern der jeweils aktuellen Situation, wird nicht nur durch Nachrichten, Zeitungen oder Dokumentarfotografien geleistet, sondern auch von dem, was wir im Folgenden die digitale Popkultur nennen wollen: Im Internet weit verbreitete Medien, die oft als leger, seicht oder lustig betrachtet werden. Wir haben für den folgenden Teil zwei besonders aktuelle Medien der Popkultur ausgesucht, nämlich Internet-Memes und Corona-Songs. Beide thematisieren Religion, wenn auch je auf eine ganz eigene Art und Weise. Sowohl Memes als auch über YouTube verbreitete Lieder dienen der Unterhaltung: Man lacht bei einem gelungenen Meme und schickt es weiter. Oder man summt den neuen Corona-Ohrwurm pausenlos vor sich hin. Internet-Memes und Songs dienen aber nicht nur dem Entertainment in einer besonders langweiligen Zeit, sondern sie erklären auch, was in der Welt passiert und vermitteln klare Werte. Dies geschieht wiederum auf eine je spezifische Weise und mit je eigenen Logiken. Memes und Lieder legen, manchmal witzig, manchmal mahnend oder polemisch, ihren Fokus auf bestimmte Aspekte der Krise und können so dazu beitragen, mit dieser Situation umzugehen. Insofern ist Popkultur nur auf den ersten Blick seicht. Sie ist zwar Unterhaltung, aber eben eine, die klare Werte vermittelt und so bei der Krisenbewältigung helfen kann.

Anna-Katharina Höpflinger, 1976, ist akademische Rätin am Lehrstuhl für Religionswissenschaft und Religionsgeschichte an der Evangelisch-Theologischen Fakultät der Ludwig-Maximilians-Universität in München.

> Während der Ausgangsbeschränkungen wurde ich von meinen Freunden und Freundinnen mit Corona-Songs, Cartoons über Covid-19 und Newsberichten aufgemuntert – alles online natürlich.

Katharina Luise Merkert, 1997, studiert im Master Religions- und Kulturwissenschaft an der Ludwig-Maximilians-Universität in München.

> Der ganze universitäre Alltag wurde durch das Coronavirus auf den Kopf gestellt und das studentische Miteinander auf ein Minimum reduziert. Aufgrund der Einstellung von Präsenzveranstaltungen war man auf Handy und Laptop als Möglichkeiten zum Austausch beschränkt. Statt in einem kleinen Café in München trank man den Milchkaffee vor der Webcam. Das ging auch, schmeckte aber nicht ganz so gut.

Lieder zwischen Krisenbewältigung und Entertainment

Anna-Katharina Höpflinger

Kaum hatte ich das erste Mal von «Corona» gehört, wurde mir auch schon via soziale Medien ein lustiger Song zu diesem Thema zugeschickt: *Viva Corona* des Schweizers Roland Häny. Ein Ohrwurm, den die Kinder und ich in der Küche im Chor mitsangen. Doch auch bekanntere deutschsprachige Künstler:innen wie Die Ärzte, Silbermond oder Frei.Wild widmeten bald ihr musikalisches Schaffen diesem aktuellen Thema: Ein auf Corona bezogenes Lied nach dem anderen tauchte ab März 2020 auf YouTube auf. Diese Songs wurden zum Teil millionenfach angeklickt, geteilt, kommentiert und weitergeleitet.

Doch wieso hatten diese Lieder einen solchen Erfolg? Ging es dabei um Entertainment in den langweiligen Stunden der Ausgangsbeschränkung? Oder nahmen diese Songs eine andere Funktion ein? Und was haben sie mit Religion zu tun? Anhand ausgewählter Lieder aus dem deutschsprachigen Raum, die mindestens 300'000 Aufrufe auf YouTube haben, möchte ich diesen Fragen nachgehen.

Der Glaube an das Gute

Ein besonders populärer Corona-Song ist *Zusammenstehen* von Sebel. Dieses Musikstück hat bei Fans und Musiker:innen ein enormes Echo hervorgerufen. Auch im deutschen Fernsehsender ZDF wurde darüber berichtet. Die Reaktionen auf diese Komposition sind beinahe durchwegs sehr positiv. Fans sprechen in den Kommentaren auf YouTube von «Hoffnung», die der Song ihnen gibt, oder bekunden «das Lied macht Mut». Der Song berührt sie: «der Text geht unter die Haut» und gibt «Kraft weiterzumachen». Sebels Lied löst also bei verschiedenen Menschen starke Emotionen aus.

Sebel ist das Pseudonym des aus Recklinghausen (D) stammenden Künstlers Sebastian Niehoff. Am 16. März 2020 veröffentlichte er das Lied auf Facebook und auf seinem YouTube-Kanal: Er singt und begleitet sich am Klavier, während Inga Strothmüller die zweite Stimme übernimmt.

Zusammenstehen ging viral und wurde innerhalb weniger Tage zum deutschsprachigen Corona-Hit. In diesem ruhig gehaltenen Lied ruft Sebel

– wie der Titel des Songs bereits verrät – zu Solidarität in dieser schwierigen Zeit auf.

Das Lied beginnt mit der metaphorischen Schilderung des Angriffs des Virus, das wie ein Räuber in der Nacht kommt:

> Es traf uns wie ein Schlag ins Gesicht,
> aus 'nem fiesen dunklen Hinterhalt.
> Erst Einen, dann Zwei, dann gleich Tausende
> und es ist kein Ende in Sicht.

Weiter wird auf das Schließen von Geschäften angespielt:

> Auch der Kiosk um die Ecke macht die Schotten dicht.
> Ich weiß, es tut weh, doch anders geht es nicht.
> Doch ich glaub, dass sich grade was Großes tut
> zwischen hier und dem Ende der Welt.

Die Welt fährt also runter, doch trotzdem glaubt Sebel an etwas Großes. Die Zeile «zwischen hier und dem Ende der Welt» spielt mit apokalyptischen Motiven und spricht von den Corona-Monaten als einer Zwischenzeit, deren Ausgang ungewiss ist. Ein Fun Fact am Rande ist übrigens, dass Sebels erste Band «Kiosk» hieß, der Verweis im Lied könnte ein Hinweis auf diese biografische Station des Sängers sein.

Danach wird die gegenwärtige Situation als eine Weichenstellung für die Zukunft bezeichnet:

> Nichts bleibt wie es war, die Weichen werden neu gestellt.

Dass dabei die Weichen zwischen Gut und Böse gemeint sind, wird später im Lied erwähnt. Das Virus selbst wird im Song als ein «Gespenst» dargestellt, das um die Welt geht und tötet. Es schlägt wahllos zu, unterscheidet nicht zwischen «arm» oder «reich» und «schwarz» oder «weiß». Zunächst könnte das Gespenst als Metapher für den Tod gedeutet werden, der – wie in Totentänzen – für alle Menschen, egal, wer sie sind oder woher sie kommen, sein Lied zum Tanz spielt. Die nächste Zeile verdeutlicht jedoch, dass der Tod hier nicht als der neutrale Vollzieher eines egalitären Schicksals, der die Welt im Gleichgewicht hält, auftritt, sondern dass das «Gespenst» stärker mit einer Idee des Teufels konnotiert wird: Denn das Virus droht alles zu zerstören.

Das Virus im Lied ist also böse, wie die gewählten Worte zeigen: Es wird verglichen mit einem Gespenst, das aus einem finsteren Hinterhalt zuschlägt und alles in Chaos stürzt. Die Menschen, so klingt es im Lied an, können durch Zusammenhalt gegen dieses Böse kämpfen – wobei durch die Kampfmetapher die Gefahr des Bösen hervorgehoben wird – und dadurch etwas Gutes schaffen. Dies wird in den folgenden Zeilen und dem Refrain des Liedes deutlich:

> Ich bleib' Optimist, und ich geb' nicht auf.
> Am Ende kommt bestimmt was Gutes raus.
> Wir können etwas schaffen, wenn wir als Menschen
> das Große und Ganze sehen
> und in den Kampf gehen gegen das Virus,
> weil wir alle zusammenstehen.

Schließlich wird diese Botschaft nochmals deutlich betont, wobei der erwähnte «Glaube» das Einzige scheint, das als Sicherheit in der unkontrollierbaren Situation bleibt:

> Ich glaube an das Gute und ich hör' damit nicht auf!

Dieses Lied ruft also durch eindringliche Worte – und mit deutlichen Anspielungen auf religiöse Weltbilder – zu Solidarität in einer Krisensituation auf. Eine apokalyptische Vorstellung wird dabei ebenso vorausgesetzt wie ein Kampf zwischen Gut und Böse, wobei Sebel am Glauben an das Gute festhält. Während das Virus als das Böse dargestellt wird, besteht das Gute für Sebel aus menschlicher Solidarität und Nächstenliebe: Die Menschen stehen zusammen, weil sie das «Große und Ganze», also eine Art übergeordneten Plan, sehen.

Diese Botschaft wird von Sebel über den Liedtext hinaus weitergetragen: Einerseits hat er die Einnahmen dieses Lieds für gemeinnützige Zwecke vorgesehen. Der Erlös wird an die Deutsche Orchester-Stiftung gespendet, die in finanzielle Not geratenen Musiker:innen hilft. Das Lied verspricht nicht nur inhaltlich Hoffnung auf Nächstenliebe, sondern wird auch von einem karitativen Gedanken geleitet.

Andererseits forderte Sebel beim ersten Hochladen des Clips ins Internet die Hörenden dazu auf, ihm ihre eigenen Versionen des Liedes zu schicken. Er erhielt rund 160 Einsendungen aus verschiedenen Ländern dieser Welt, von neuen bis hin zu erfahrenen Musiker:innen. Außerdem arbeitete Sebel mit anderen Künstler:innen an Varianten des Songs in Englisch, Italienisch, Französisch, Schwedisch und Spanisch. Daraus sind unterdessen weitere YouTube-Clips entstanden. Insbesondere ein Videoclip, in dem ein Zusammenschnitt der eingeschickten Interpretationen des Liedes zu sehen sind, sticht hervor. Dieser trägt den Titel *Sebel featuring The 1st Lockdown Orchestra* und stellt das Thema des «Zusammenstehens» auch visuell dar: Menschen aus unterschiedlichsten Ländern singen in verschiedenen Sprachen über Zusammenhalt in einer Krisenzeit – aber alle tun es bei sich zuhause. Indem sie Distanz wahren, verhalten sie sich solidarisch. Erst der

Zusammenschnitt erschafft die Kollektivität, die in dieser Zeit körperlich und räumlich nicht mehr möglich war.

Abb. 12: Das Zusammenstehen wird visuell durch einen Zusammenschnitt verschiedener Videobeiträge erreicht. Szenenbild aus Sebel feat. The 1st Lockdown Orchestra, *Zusammenstehen* (00:01:21).

Die Klopapier-Todsünde

Zusammenstehen ruft also zu Solidarität und Hoffnung auf, wird von einem karitativen Gedanken geleitet und vertritt einen Glauben an das Gute. Andere Corona-Lieder verweisen ebenfalls auf Religion, Gott oder den Glauben an etwas Positives. Beispielsweise bittet der Rapper Ah Nice in seinem Lied *Corona Song* am Ende Gott um Schutz vor dem Virus. Oder die Südtiroler Band Frei.Wild singt in ihrem Lied *Corona Weltuntergang, Version 2* vom Karma, das in dieser Situation quasi zu einem der apokalyptischen Reiter wird:

> Dann ritt das Karma zu uns heim;
> dieses Scheißding fraß an uns.

Auch in anderen Songs wird die außeralltägliche Situation mit einer (apokalyptischen) Endzeit konnotiert, zum Beispiel im Lied *Der letzte Sommer*

2020 des Komikers und Sängers Phil Laude – er nennt ihn in der Bridge den «Weltuntergangs-Sommersong» – der mit folgender Zeile beginnt:

> Die Welt geht unter, und wir rennen ins Messer.

Dieses Stück basiert auf einem Lied, das das Comedy-Trio Y-Titty, dem auch Phil Laude angehörte, 2012 mit Fokus auf die damaligen Weltuntergangsbefürchtungen veröffentlicht hat.

Noch stärker als diese Verbindung zu Motiven aus religiösen Traditionen fallen in den Liedern die moralischen Leitlinien für den außeralltäglichen Zustand auf. Viele Lieder zeigen – zum Teil durchaus witzig – auf, wie man in der Corona-Situation moralisch korrekt handeln sollte. Wie auch bei Sebel wird in verschiedenen Songs zu Solidarität und Nächstenliebe aufgerufen. Ein prägnantes Beispiel hierfür ist das Lied *Corona* des deutschen Rappers M.I.K.I. Eine einprägsame Zeile aus diesem Lied lautet:

> Denkt an die alten Leute, denkt an den Nebenmann,
> der ohne eure Hilfe vielleicht bald nicht mehr leben kann.

Diese von Corona inspirierten Ohrwürmer rufen aber nicht nur zu einem guten Leben auf, sondern sie kritisieren auch falsches Handeln. Hamsterkäufe werden aufs Korn genommen, besonders explizit im Lied *Klopapier* des Rap-Künstlers GReeeN. Im entsprechenden YouTube-Video sitzt der Sänger auf der Toilette (mit nichts am Leib außer einem Hut) und klagt die Gier und den Egoismus der Menschen an: Den Menschen ist nur noch ihr «Arsch» – und ja, das ist ein Wort aus dem Lied – «heilig». Hier kommt eine Art Sieben-Todsünden-Idee ins Spiel. Gier ist eine der traditionellen, römisch-katholischen Todsünden, die im Lied in einer gegenwärtigen Form auflodert. Hamsterkäufe, zum Beispiel von Toilettenpapier, sind insofern nicht nur unsolidarisch in der genannten Krisenzeit, sondern sie werden zu Metaphern für das moralisch Schlechte auf Erden. Der eigene Körper und seine Bedürfnisse werden in dieser Gier zum einzig Heiligen, so die Botschaft. Während Sebels *Zusammenstehen* also Hoffnung spenden soll, wird hier das moralische Verfehlen der Menschen bloßgestellt.

Popkulturelle Handlungsanweisungen

Die untersuchten Kompositionen sind Teil der Popkultur. Popkultur, so der Soziologe Hubert Knoblauch, unterliegt den Mechanismen des Marktes. Sie wird medial prominent verbreitet, somit einer breiten Bevölkerung weltweit zugänglich und spiegelt die Werte einer bestimmten Kultur.

Auch die Corona-Lieder vermitteln Werte: Sie eröffnen eine unüberwindbare Spannung zwischen Gut und Böse. Als das Böse wird entweder das Virus wie bei Sebel oder das egoistische Handeln der Menschen, man denke an die Anklage von GReeeN, festgesetzt. Gut sind Solidarität, Hoffnung, Glaube und Nächstenliebe. Sebels Liedtitel *Zusammenstehen* fasst diese Idee prägnant zusammen. Auffallend ist dabei, dass sich zwischen diesen beiden Polen kein Mittelweg findet: Das Gewebe der Liedtexte besteht aus Schwarz und Weiß. Grauzonen oder auch andere Kolorierungen finden sich nicht. Um dieses Böse und Gute lyrisch auszudrücken, werden Vorstellungen und Bilder aus Religionen, vor allem christlichen Kontexten, übernommen. Die Krankheit wird mit einem apokalyptischen Zustand, dem Ende der Welt und dem Teufel konnotiert, während Egoismus mit den sieben Todsünden verbunden wird. Auf der anderen Seite kommen die christlichen Tugenden Glaube, Liebe und Hoffnung zum Tragen, die biblisch besonders im 1. Korintherbrief 13,13 ausgeführt werden. Der Mensch hat nun – so die Lieder – die Wahl: Er kann sich für das Gute oder das Böse entscheiden, aber beides gleichzeitig ist nicht möglich. Die Wahrheitsfrage wird in den Musiktexten also vorweggenommen und Wahrheit als unverrückbar festgesetzt. Das vermittelte Weltbild ist dualistisch, klar und teilweise etwas simpel.

Trotz der Wahlfreiheit des Menschen scheint in den Stücken aber ein Glaube an das Gute im Menschen vorzuherrschen. Der Mensch wird als potenziell solidarisch dargestellt, die Gier und der Egoismus werden als eigentlich unmenschlich inszeniert. Die Songs plädieren an die Güte der Hörenden und fordern sie dazu auf, der richtigen Seite zu folgen. Eben zusammenzustehen und nicht massenhaft Klopapier zu kaufen. Durch die Kompositionen wird ein Harmoniebedürfnis ausgedrückt, das nicht nur in den Lyrics, sondern auch in den Melodien zur Geltung kommt.

Die Funktion des dualistischen Weltbilds, das in den Liedern deutlich wird, ist die Schaffung von Orientierung in einer komplexen, unsicheren Situation. Die in den Musikstücken propagierten Vorstellungen sind klar und verständlich, die besungenen Handlungsanweisungen formen Sinn. Sie reduzieren die Komplexität der Krankheit sowie der Krisensituation und vermitteln Leitlinien im Umgang mit den Mitmenschen. Diese Lebenstipps beruhen auf bekannten christlichen Ideen; sie schaffen nicht etwas Neues, sondern reproduzieren traditionelle Werte.

Die Lieder bringen also tolle Melodien und zum Teil nachdenkliche, zum Teil lustige Texte in die Wohn- und Arbeitszimmer. Man kann mitsingen, mitlachen, die Musikstücke teilen und so – trotz Pandemie – sozial agieren. Aber die Songs bieten noch mehr: nämlich Orientierung bezüglich des richtigen Handelns in einer schwierigen Zeit.

Genannte Lieder

Ah Nice, *Corona Song* (17.3.2020, rund 1 Mio Aufrufe):
https://www.youtube.com/watch?v=AapDNTrjjPU (aufgerufen am 16.7.2020)

Die Ärzte, *Ein Lied für Jetzt* (27.3.2020, rund 4,7 Mio Aufrufe):
https://www.youtube.com/watch?v=t_s6waEUTbI (aufgerufen am 16.7.2020)

Frei.Wild, *Corona Weltuntergang Version 2* (23.3.2020, rund 2 Mio Aufrufe):
https://www.youtube.com/watch?v=h2dVuejfbyQ (aufgerufen am 16.7.2020)

GReeeN, *Klopapier* (22.3.2020, rund 1,6 Mio Aufrufe):
https://www.youtube.com/watch?v=80JWp3ID438 (aufgerufen am 16.7.2020)

M.I.K.I., *Corona* (20.3.2020, rund 300'000 Aufrufe):
https://www.youtube.com/watch?v=8a8Nf_KJM1A (aufgerufen am 16.7.2020)

Phil Laude, *Der letzte Sommer 2020* (29.3.2020, rund 1,2 Mio Aufrufe):
https://www.youtube.com/watch?v=2eU5Wrdiu10 (aufgerufen am 16.7.2020)

Sebel, *Zusammenstehen* (17.3.2020, rund 2,2 Mio Aufrufe):
https://www.youtube.com/watch?v=tOG6gzkNZV4 (aufgerufen am 16.7.2020)

Sebel feat. The 1st Lockdown Orchestra, *Zusammenstehen* (25.5.2020, rund 55'000 Aufrufe):
https://www.youtube.com/watch?v=MxXKqNVXkWE (aufgerufen am 16.7.2020)

Silbermond, *Machen wir das Beste draus* (27.3.2020, rund 2 Mio Aufrufe):
https://www.youtube.com/watch?v=q62vWAmBPrg (aufgerufen am 16.7.2020)

YTITTY, *Der letzte Sommer* (03.8.2012, rund 32 Mio Aufrufe):
https://www.youtube.com/watch?v=Yu-8-f9t5Ko (aufgerufen am 16.7.2020)

Literatur

Knoblauch, Hubert, 2009, Populäre Religion. Auf dem Weg in einer spirituellen Gesellschaft, Frankfurt am Main: Campus Verlag.

ZDF Bericht:
https://www.zdf.de/verbraucher/volle-kanne/corona-song-von-sebel-100.html (aufgerufen am 8.7.2020).

Witz und Religionskritik in Internet-Memes

Katharina Luise Merkert

Abb. 13: *Religious people right now*, 25.3.2020, 9Gag.

Zwei Knöpfe und ein Mann, der sich bei der Entscheidung, welchen dieser Knöpfe er drücken soll, sichtlich schwertut. Die Härte der Entscheidung

wird durch die starke Schweißbildung an seiner Stirn und seinen gequäl-
ten Gesichtsausdruck deutlich. Während die beiden Knöpfe mit den Sät-
zen «God will save us from Corona» («Gott wird uns vor Corona retten»)
und «Corona is God's punishment» («Corona ist Gottes Strafe») beschriftet
sind, wird der gezeigte Mann als «Religions», also als «Religionen», bezeichnet. Dieser Cartoon ist ein sogenanntes Meme, das am 25. März 2020
auf der Website 9Gag gepostet wurde (Abb. 13). Die Überschrift lautet «Religious people right now». Welche Aussage über Religion und deren Anhänger steckt darin?

Eine Intention scheint auf den ersten Blick klar: 9Gag wird als humoris-
tische Plattform beworben. Somit soll die Aussage des Memes auf einem
Witz, einer belustigenden Anekdote, die das Publikum unterhält, aufbau-
en. Obwohl ich bei der ersten Betrachtung auch geschmunzelt habe, ist
mir der deutlich religionskritische Zug aufgefallen. Soll man über Religion in der Pandemie lachen? Eine gute Frage, die wir hier vertiefen.

Memes und ihre Rolle im Internet

Der Begriff des Memes ist in seinen Ursprüngen auf den Biologen Richard
Dawkins zurückzuführen. Er hat ein «Mem» als eine kulturelle Einheit definiert, die innerhalb der Gesellschaft durch Imitation und Kopie weiterge-
ben wird. Seitdem wurde es rege aufgegriffen und erweitert. In der Alltags-
sprache wurden kurze Videos und Bilder als «Memes» bezeichnet. Doch
was sind Internet-Memes genau, und was zeichnet diese spezielle Form der
Online-Kommunikation aus?

Der Kommunikationswissenschaftler Patrick Davison beschreibt Internet-Memes typischerweise als Witze, die durch die Verbreitung im Internet
an Einfluss gewinnen. Memes verfügen über ein charakteristisches Aussehen, das sie schnell erfassbar macht. Wie jedes Medium trägt ein Meme
eine Botschaft, verbreitet diese aber auf eine eigene Weise. Memes werden
empfangen, angeschaut, interpretiert und – die wichtigste Eigenschaft –
genutzt.

In Anlehnung an die Kommunikationswissenschaftlerin Limor Shifman
kann dieses Phänomen als «Kultur der Teilnahme» bezeichnet werden. Es
wird deutlich, dass die User von Plattformen wie 9Gag die Memes nicht
nur betrachten, sondern diese auch selbst produzieren, mitgestalten und
austauschen. Durch diese Interaktionen prägen sie die gesamte Meme-Kul-
tur maßgeblich mit.

Betrachten wir unser Meme aus dieser Perspektive, dann wird dieser «Mitmach-Faktor» schnell sichtbar. Neben einer simplen Bewertungs-

strategie, sogenannten *points*, die vergeben werden können, wurde es knapp 220 Mal kommentiert. Viele der Kommentare sind andere Memes, die unterschiedliche Meinungen zu dem angesprochenen Thema ausdrücken. Die User:innen nehmen das Original auf und kreieren daraus neue Memes oder verwenden bereits vorhandene, wie beispielsweise in Abb. 14 sichtbar wird: Ein Mitglied der Plattform hat als Antwort ein Meme gepostet, das einen klaren Standpunkt zum Thema «Religion und Pandemie» bezieht und die Zustimmung des Kommentators oder der Kommentatorin ausdrückt. Eine kleine Person stupst Gottheiten verschiedener religiöser Traditionen an, in der Hoffnung, diese dazu zu bringen, etwas gegen Corona zu tun. Sie wirkt dabei jedoch nur wenig zuversichtlich.

Abb. 14: Kommentiertes Meme, 25.3.2020, 9Gag.

Abb. 15: Reproduktion des Memes in einem Kommentar, 26.3.2020, 9Gag.

Abb. 15 zeigt, dass Memes gerne weiterverarbeitet und nachgeahmt werden. Das bekannte Meme wird aufgenommen, der Text jedoch verändert. Es entsteht etwas äußerlich Ähnliches, inhaltlich aber ganz Anderes. Dadurch wird hier beispielsweise eine andere Personengruppe in den Fokus der Kritik gerückt: Atheisten. (Laut dem Original eigentlich «Athiests» also Athiesten, ich gehe aber davon aus, dass es ein Schreibfehler ist.)

Personen, die sich weniger in der Sphäre der Internet-Memes bewegen, mag eine Interpretation auf den ersten Blick schwerfallen. Wen soll die gezeigte Person darstellen? Ist es eine Anspielung auf eine Fernsehserie, die ich nicht kenne? Es ist einer weiteren Besonderheit von Memes zu verdanken, dass diese so gut wiederverwendet werden können.

Der Grund dafür ist, dass sie auf einer Art Meme-Allgemeinwissen aufbauen. Zuallererst sind bei dem vorliegenden Meme die Kenntnisse der englischen Sprache notwendig. Weiterhin wird vorausgesetzt, dass den Betrachtenden die Corona-Pandemie bekannt ist und sie höchstwahrscheinlich auch von den starken Einschränkungen in ihrem Leben betroffen sind. Zusätzlich zu diesen grundlegenden Voraussetzungen ist in vielen Memes eine bestimmte Deutungsrichtung vorgegeben, die das «Recycling» ermöglicht. *Religious people right now* ist bereits eine solche recycelte Version eines anderen Memes: Das Original stammt von dem Trickfilmzeichner Jake Clark und wurde unter dem Titel *Daily Struggle* auf der Plattform Tumblr veröffentlicht. Mit einer anderen Beschriftung der Knöpfe wird bei ihm der «tägliche Kampf» eines jeden Menschen beschrieben, der sich entscheiden muss, gut oder schlecht zu handeln. Diese Lesart einer anstrengenden Entscheidung, die eine Person treffen muss, wurde in unserem Meme auf Religion übertragen. Diese Kette der Wiederverwendung wird bei den Reaktionen auf das Meme fortgesetzt.

Das zeigt sich im Vergleich von Abb. 13 und Abb. 15. Beide thematisieren auf humoristisch-kritisierende Weise, dass sich bestimmte Gemeinschaften oder Personen – hier Religionen und Atheisten – nicht zwischen zwei gegensätzlichen Optionen entscheiden können. Ihr Verhalten wird als irrational entlarvt. Diese gemeinsame Basis von Memes vereinfacht auf der einen Seite das Verständnis, da Personen, die das Meme bereits kennen, erahnen, in welche Richtung es steuern wird. Auf der anderen Seite werden allerdings Leute, die zum Beispiel kein Englisch können oder die bei der Einordnung des Memes unsicher sind, ausgeschlossen.

Humor als Treibkraft

Ein wichtiger Punkt, der Memes kennzeichnet, ist der Humor. Wie Davison festgestellt hat, sind Memes typischerweise mit einem Witz verbunden. Limor Shifman hat diese Ebene genauer untersucht. Auch sie schreibt Humor eine wichtige Funktion in der Wahrnehmung von Memes zu; dabei unterscheidet sie zwischen mehreren Humor-Arten. Bei der Betrachtung des vorliegenden Memes kommt die Frage auf: Warum ist es lustig? Ist das eigentliche Thema nicht eher ernst? Die Corona-Krise hat bereits eine Vielzahl an Opfern gefordert und schränkt unseren Alltag stark ein. Die Pandemie scheint jedoch eher nebensächlich zu sein und dient eher dazu, die eigentliche Botschaft des Memes zu verschärfen: Das Hauptaugenmerk liegt auf der Aussage über Religion.

Religionen erheben oftmals den Anspruch, eine wahre Sicht der Welt zu vertreten. Sie sind Gemeinschaften, die in den meisten Fällen nach spezifischen Regeln handeln und Glaubensgrundsätze vertreten. In diesem Meme wird der Wahrheitsanspruch von Religionen belächelt, indem sie als subjektiv und intuitiv handelnde Person dargestellt werden – wobei *religions* im Plural steht, aber nur eine Person, eine Art Raumschiffpilot (Jake Clark gab hierzu an, dass er unter anderem von Hank Nova, einem Charakter eines Ego Shooter Spiels, für die Figur im Meme inspiriert wurde), dargestellt ist. Einem Piloten, der in der Regel als qualifiziert und vertrauenswürdig gilt, wird hier Inkompetenz zugeschrieben, da er verunsichert versucht, eine von zwei gegensätzlichen Optionen auszuwählen. Dadurch werden die Unglaubwürdigkeit und Naivität von Religionen betont: Sie hätten keine rationalen Gründe für ihre Wahl.

Die Art von Humor, die hier zum Zuge kommt, wird von Shifman als «Überlegenheitshumor» bezeichnet. Personen ohne Glauben seien laut Meme religiösen Menschen überlegen, da Religionen augenscheinlich mit zweifelhaften Mitteln spielten und man ihnen nicht blind vertrauen solle.

Indem Memes sehr schnell online verbreitet werden und dadurch oft auch an Popularität gewinnen, kann ihre Botschaft rasch aufgenommen werden. Außerdem wird eine Art Gemeinschaftsgefühl erzeugt. Die Meme-Community hat ihre eigene Art der Verständigung, die auf einem eigenen Wissensschatz basiert und Meinungen sehr schnell verbreiten kann. Hinzu kommt, dass gezielt Emotionen angesprochen und erzeugt werden. Die witzige Komponente in Memes verschafft diesen auf der einen Seite einen Eindruck der Leichtigkeit, auf der anderen Seite wird die Aussage dadurch zugänglicher. Die Meinungen der Meme-Autor:innen werden auf eine andere Art wahrgenommen als Videos, in denen Personen hochmoralisch ihre Meinungen predigen. Dennoch wird das Meme durch die durchwegs ernste Thematik der Corona-Pandemie auf eine Ebene gehoben, in der nicht nur gelacht werden soll, sondern durchaus über den Inhalt nachgedacht werden darf.

Der «Witz» hinter Religion

Religion wird in ein eher schlechtes Licht gerückt und als suspekte Weltdeutung belächelt. Besonders interessant ist dabei die Wortwahl: Es wird nicht von einer ausgewählten Religion gesprochen, sondern die verschiedenen Religionen werden zusammengemischt und im Wort «Religions» vereint. Auch in der Überschrift ist nicht von christlichen, muslimischen oder jüdischen Personen die Rede, sondern es wird von *religious people* gesprochen. Was sagt das aus? Religion wird hier verallgemeinert und reduziert. Indem alle religiösen Personen, Institutionen und Systeme auf Irrationalität beschränkt werden, verschiebt sich das Bild von Religion stark in eine polemische Richtung. Es wird deutlich, dass der Urheber oder die Urheberin des Memes allen Religionen die gleiche Eigenschaft von Unglaubwürdigkeit, vielleicht sogar mit einer Portion Hinterhältigkeit, zuschreibt. Dies wird auch im thematisierten Dualismus innerhalb des Memes sichtbar. Für Religionen gibt es scheinbar nur zwei reduzierte und pauschal dargestellte Alternativen: Gott als großer Retter oder als Richter über die Welt, der Corona als Strafe über die Menschheit kommen lässt. Religionen werden im Meme auf Heilserwartungen sowie die richtende und bestrafende Macht Gottes begrenzt. Eine andere Möglichkeit, wie Religion mit Corona umgeht, wird nicht erwägt. Das heißt jedoch nicht, dass diese Botschaft von den Usern anstandslos übernommen und reproduziert wird. Wie in den Reaktionen auf das Meme in Abb. 14 und Abb. 15 zu sehen ist, wird die Meinung teilweise unterstützt (Abb. 14), jedoch auch kritisiert und als polemisch und absurd eingestuft. Die Diskussion um das Meme und das darin erzeugte Bild von Religion wird noch Monate nach der Veröffentlichung rege geführt, die emotionale Involviertheit der Menschen, die das Meme anschauen, wird sichtbar.

In einem Artikel von 2013 mit dem Titel *Reading Religion in Internet Memes*, der von der Kommunikationswissenschaftlerin Heidi A. Campbell mitverfasst wurde, ist von einer Essenzialisierung von Religion in Memes die Rede: Religion würde auf eine Essenz, eine markante Eigenschaft, minimiert. Durch die Nutzung bestimmter Motive – hier: Religion ist Unsinn – werden Vorurteile angesprochen und bestätigt. Shifman argumentiert außerdem, dass Memes soziale Vorstellungen widerspiegeln und formen. Damit fördern sie eine Debatte um Religion.

Diese Beobachtungen machen deutlich, dass neben dem vordergründigen Thema der Religion und der Corona-Pandemie auch Aspekte wie der Einfluss religiöser Gemeinschaften in der Politik angesprochen werden. Der Medien- und Kommunikationswissenschaftler Bradley Wiggins spitzt diesen Punkt noch zu. Er spricht von einer ideologischen Praxis, die hinter dieser Art Internet-Memes steht: Sie vertreten und vermitteln ein bestimmtes Weltbild.

Das ausgewählte Meme könnte aus dieser Perspektive ideologisch mit dem Wunsch nach einem religionsfreien Staat verbunden werden. Ob sich der religionskritische Zug gegen jede einzelne Religion richtet oder ob gar eine religionsfeindliche Ideologie dahintersteckt, kann nur vermutet werden. Sicher ist allerdings: Als hoffnungsvolle Stütze während der schwierigen Zeit in der Corona-Krise hat das Meme wahrscheinlich nicht gedient, dafür aber die eine oder den anderen mit einem Lacher von der Situation abgelenkt.

Literatur

Bellar, Wendi/Campbell, Heidi A./Cho, Kyong James/Terry, Andrea/Tsuria, Ruth/ Yadlin-Segal, Aya/Ziemer, Jordan, 2013, Reading Religion in Internet Memes, Journal of Religion, Media & Digital Culture 2/2, 3–39.

Börzsei, Linda K., 2013, Makes a Meme Instead. A Concise History of Internet Memes, New Media Studies Magazine 7, https://works.bepress.com/linda_borzsei/2/ (aufgerufen am 22.7.2020).

Davison, Patrick, 2012, The Language of Internet Memes, in: Michael Mandiberg (Hg.), The Social Media Reader, New York: New York University Press, 120–134.

Dawkins, Richard, 1976, The Selfish Gene, Oxford: Oxford University Press.

Shifman, Limor, 2011, An Anatomy of a YouTube Meme, New Media & Society 14/2, 178–203.

Shifman, Limor, 2014, Memes in Digital Culture, Massachusetts: MIT University Press.

Wiggins, Bradley E., 2019, The Discursive Power of Memes in Digital Culture. Ideology, Semiotics and Intertextuality, London: Routledge.

Der Tod als mediale Inszenierung

Im Januar 2020, als in den Medien von einer neuen Krankheit in China berichtet wurde, wusste man in Europa kaum, wo Wuhan, die Hauptstadt der chinesischen Provinz Hubei, liegt. Nach wenigen Wochen erschien das mysteriöse Virus in Italien, im Februar stieg die Zahl der Infizierten exponentiell an und im März jene der Toten. Um die Übertragung des Virus zu bremsen, wurde das öffentliche Leben heruntergefahren. Die drastischen Maßnahmen, die in den verschiedenen Ländern zu unterschiedlichen Zeiten und mit verschiedenen Regelungen getroffen wurden, stellten eine Herausforderung dar, an die zu Beginn des Jahres niemand je gedacht hätte. In vielen Ländern durften Menschen ihre Wohnung nicht mehr verlassen, das soziale Leben beschränkte sich auf das Einkaufen des Nötigsten, wenn überhaupt. Die demokratischen Entscheidungsstrukturen wurden eingefroren, und Regierungen übernahmen die Führung des Landes. Diese Umstellungen zielten darauf, das Virus einzudämmen und Menschenleben zu schützen. Mit dem Risiko, zu stark zu vereinfachen, könnte man die Lage auf eine einfache Formel reduzieren: Die pluralistische, auf ökonomisches Wachstum und Mobilität ausgerichtete Gesellschaft wurde vom Tod blockiert.

Dabei ist der Tod *die* universale Erfahrung alles Lebendigen, das Thema, das zeitgenössischen Kulturen am meisten zu schaffen macht. Der Tod ist das Gegenprogramm jeder Form der Körperoptimierungspraktiken und der Lebensverlängerungsmaßnahmen. Gerne wird der Tod in spezifischen Räumen abgezäunt: Spitälern, Hospizen, Leichenhallen, Friedhöfen.

Gerade vor dem Hintergrund der Rhetorik der Säkularisierung und der Emanzipation des Menschen aus mythologischen und religiösen Weltdeutungen erscheint heute der Tod paradoxerweise als eine Dimension eines modernen Gerichtes: Die harten Fakten der Klimaveränderungen oder der Verbreitung eines Krankheitserregers, gegen den wir Menschen nicht immun sind, werden auf der Folie der Endlichkeit menschlichen Lebens verhandelt.

Der Mensch ist alleine mit dem Tod konfrontiert, doch die Endlichkeit des Lebens geht alle an. Diese Spannung zwischen individuellem und gesellschaftlichem Umgang mit der Bedrohung des Lebens wird in den folgenden zwei Beiträgen vertieft. Auf der einen Seite wird über die Einsamkeit des Todes von Covid-19-Patient:innen auf Intensivstationen nachgedacht, andererseits über die Rolle der Medien, die das einsame Sterben nachhaltig und eindrucksvoll als kollektives Schicksal inszenieren.

Paulina Epischin, 1995, studiert im Master Religions- und Kulturwissenschaft an der Ludwig-Maximilians-Universität in München.

> Aufgrund des Lockdowns mussten wir uns schnell an eine neue Art der Lehre gewöhnen. Nach den Veranstaltungen konnten wir uns nicht mehr treffen, und es fiel schwerer, sich in Gruppenarbeiten auszutauschen und zu diskutieren, wenn man sich immer nur virtuell gegenübersaß.

Daria Pezzoli-Olgiati, 1966, ist Professorin für Religionswissenschaft und Religionsgeschichte an der Evangelisch-Theologischen Fakultät der Ludwig-Maximilians-Universität in München.

> Covid-19 hat uns gezwungen, in wenigen Wochen die Lehre komplett ins Internet zu verlegen, ein Prozess, der unter normalen Umständen nie so hätte durchgesetzt werden können. Die Lehrveranstaltungen hielt ich von meinem privaten Büro aus. Meine Wohnung wurde zum öffentlichen Raum, in dem sich private, familiäre und dienstliche Aufgaben auf eine neuartige Art und Weise vernetzt haben. Diese extreme Verdichtung so unterschiedlicher Rollen auf engem Raum war eine einmalige, nicht nur einfache Erfahrung.

Einsamer Abschied vor aller Welt

Paulina Epischin

Die Corona-Pandemie hat das Thema der Endlichkeit des Lebens plötzlich in den Mittelpunkt gerückt. Obwohl der Tod unumgänglich ist, wird das Sterben in unserer Gesellschaft oft in den Hintergrund gedrängt. Jetzt aber lässt sich der Tod nicht mehr leicht vergessen. Wegen seiner hohen Gefahr für den menschlichen Organismus und des Ansteckungsrisikos bestimmt das neue Virus die Art, wie man nun stirbt. An vielen Orten können sich die Sterbenden nicht mehr persönlich von ihren Familienangehörigen verabschieden. Wegen der Infektionsgefahr werden die Kranken isoliert. Menschen sterben alleine im Krankenhaus, ohne dass jemand ihre Hand halten kann. Manchmal wird die persönliche, intime Beziehung durch elektronische Medien ersetzt. Mit Tablets, Laptops oder anderen elektronischen Mitteln werden die Sterbenden von ihren Angehörigen und Freunden in den Tod begleitet.

Die Online-Ausgabe von *The Wall Street Journal* widmete diesem Thema am 10. April 2020 den Beitrag *I'm Sorry I Can't Kiss You – Coronavirus Victims Are Dying Alone*. Darin beschreiben Jennifer Levitz und Paul Berger die Geschichte von zwei Familien, die einen Angehörigen an das Virus verloren haben. Illustriert wird der Artikel mit DYING ALONE FROM CORONAVIRUS: A FAMILY'S LAST GOODBYE (Denise Blostein/Maya Tippett, US 2020, 5' 53"), einem Video, das eine amerikanische Großfamilie als Hommage an die verstorbene Mutter und Großmutter produziert hat.

Allein sterben

Das Video berichtet über die letzten Tage von Keiko Neutz, einer 87-jährigen US-amerikanischen Frau, die am 30. März 2020 an den Folgen von Covid-19 im Krankenhaus verstarb. Keiko steht im Mittelpunkt einer Großfamilie. Als Mutter von acht Kindern und Großmutter von 28 Enkelkindern war sie nie allein. Die Familienangehörigen lebten alle in unmittelbarer Nähe zu ihr. Erst die durch Corona bedingte Erkrankung brachte sie ins Spital, und plötzlich lag sie hier ganz allein und erschöpft im Bett. Die Kontakte zur Großfamilie wurden wegen der Ansteckungsgefahr un-

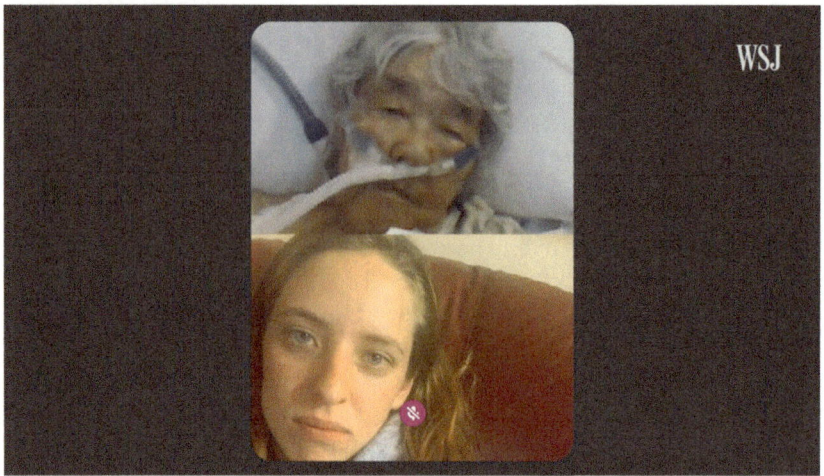

Abb. 16: Keiko chattet aus dem Krankenhaus mit ihrer Enkelin, Dying Alone From Coronavirus: A Family's Last Goodbye, Szenenbild (00:03:03).

tersagt. Nur eine Tochter, bekleidet mit einem Schutzanzug, durfte die Mutter ein letztes Mal persönlich besuchen.

Die Erfahrung des einsamen Sterbens stellt für die Familie Neutz eine besondere Herausforderung dar. Eine von Keikos Töchtern merkt im Video an, dass sich die Covid-19-Patienten wie Aliens im Raum fühlen müssen, da die Krankenpfleger:innen alle Schutzanzüge tragen. Aufgrund der Abstandsregeln können sich die Angehörigen nicht umarmen und einander auf diese körperliche Art Trost spenden. Jeder und jede trauert für sich allein, im eigenen Umfeld. Die Unfähigkeit, Keiko beizustehen und sie zu unterstützen, löst bei der Familie ein Gefühl der Hilflosigkeit aus. Die Angehörigen fühlen sich durch diesen Zustand ihrer familiären Intimität beraubt. Der verunmöglichte Kontakt zu Keiko und untereinander erschwert es ihnen, diesen Tod anzunehmen. Die Gefährlichkeit des Virus bringt eine unfreiwillige Privatisierung des Sterbens und Trauerns mit sich.

Diese Privatisierung des Sterbens ist jedoch keineswegs ein Phänomen, das erst mit dem Coronavirus auftauchte, sondern ist eine Besonderheit der Moderne. Der Sterbeprozess wurde allmählich aus dem eigenen Zuhause in Institutionen wie Krankenhäuser, Hospize und Altenheime verlagert. Sterbende werden heute meistens in ein Krankenhaus verlegt und nicht von Angehörigen, sondern von Fachleuten gepflegt. Der Prozess des

Sterbens findet in diesen Institutionen statt, nicht mehr in der Familie oder der Lebensgemeinschaft.

Im Video behaupten die Familienmitglieder, dass die Spitäler jedoch auf diese intensive Art der Sterbebegleitung nicht vorbereitet gewesen seien und das Personal nicht ausreichend geschult sei, um die Todkranken angemessen zu unterstützen. In solche Sterbe- und Trauerprozesse sind, wenn überhaupt, nur die Familie und die engsten Freund:innen involviert. Der öffentliche Charakter des Abschieds vom Leben tritt dezidiert in den Hintergrund.

Ein Laptop gegen die Einsamkeit im Krankenbett

Keikos Enkelin Lacy Taylor ließ der Großmutter einen Laptop mit der App Houseparty ins Krankenhauszimmer bringen (Abb. 17). Dadurch konnte die Familie Keiko in Echtzeit sehen und sich mit ihr unterhalten. Alle Familienangehörigen sprachen mit ihr, sangen ihr Lieder vor und konnten sich auf diese Weise von ihr verabschieden. Als Keiko die Sauerstoffmaske abgenommen wurde, sah ihre Familie dabei zu. Nach weniger als einer Minute bestätigte eine Krankenpflegerin ihren Tod. Zwei weitere hielten ihre Hände. Das Pflegepersonal versammelte sich vor ihrem Zimmer, als sie starb. Diese Geste berührte die Großfamilie sehr.

Abb. 17: Enkelin Lacy Taylor übergibt dem Klinikpersonal einen Laptop, DYING ALONE FROM CORONAVIRUS: A FAMILY'S LAST GOODBYE, Szenenbild (00:02:17).

Im pandemischen Alltag erlauben Medien, einander trotz der Abstandsregeln zu sehen und sich auszutauschen. Dies ist umso wichtiger, wenn es um den Kontakt mit Menschen geht, die wegen einer Covid-19-Infektion Abschied von ihrer Familie nehmen müssen. Durch die Digitalisierung rückt die Intensivstation etwas näher an die private Familiensphäre.

Die gemeinnützige US-amerikanische Organisation COVID Tech Connect (www.covidtechconnect.com) plant, iPads an Krankenhäuser und Pflegeheime zu verteilen. Die Aufrüstung dieser Institutionen mit Tablets zielt darauf, die Sterbebegleitung zu verbessern und den Kontakt zu Angehörigen – wenn auch auf eingeschränkte Weise – zu ermöglichen.

Von der innerfamiliären Kommunikation zur weltweiten Ausstrahlung

Obwohl Keiko allein stirbt, sieht ihr die ganze Welt dabei zu. Dies scheint ein offensichtliches Paradox zu sein. Durch die Aufnahme ihres Todes haben viel mehr Menschen von ihr erfahren, als es sonst der Fall gewesen wäre. Dieser Prozess der Mediatisierung scheint der Privatisierung des Sterbens entgegenzuwirken. Man sieht zwar nicht den exakten Moment des Todes; das Video zeigt jedoch die unmittelbaren Augenblicke vorher und nachher.

Damit wird die Intimität des Sterbens durch eine mediale Vermittlung öffentlich zugänglich gemacht. Gerade das, was tendenziell gesellschaftlich tabuisiert ist, wird zur Schau gestellt.

Das Video ist sehr emotional aufgeladen. Keiko wird als eine Art Heilige dargestellt. Sie zog ihre acht Kinder erfolgreich groß, obwohl ihr Ehemann unter Alkoholsucht litt und daran früh verstarb. Die Familie präsentiert sich als sehr gläubig; Keiko selbst unterrichtete den Kindern biblisches Wissen. Die Großmutter wird beim liebevollen Umgang mit ihren Enkelkindern gezeigt. Dies alles trägt zum Gesamteindruck einer glücklichen, christlichen Familie mit einem großen Zusammenhalt bei. Und gerade deswegen wird ihre Geschichte in den Medien verbreitet.

Das Christentum in seinen vielen Facetten ist die verbreitetste religiöse Tradition in den Vereinigten Staaten, und die Neutzs werden als Idealbild einer US-amerikanischen Familie inszeniert. Sie sind das Paradebeispiel für eine Familie, in der man auch in der Pandemie nicht allein stirbt. Das Video kann als Gegenprogramm zu den vielen Informationen gedeutet werden, die Angst vor dem Coronavirus schüren. Abstand zu halten und vorsichtig mit Kontakten umzugehen sind einerseits epidemiologisch sinnvolle Maßnahmen, andererseits kündigen sie an, dass der einsame Tod im Krankenhaus jeden und jede treffen könnte.

Das einsame Sterben in Spitälern wird in den Medien eindeutig und einheitlich thematisiert und charakterisiert: Man ist komplett isoliert von den Angehörigen und den Freund:innen, man wird an medizinische Geräte angeschlossen und von Personal behandelt, das in Schutzanzügen steckt, wodurch man sich noch ausgeschlossener fühlt. Hinzu kommt der erzwungene Verzicht auf jegliche Sterberituale und geistliche Unterstützung. Daraus ergibt sich ein einschüchterndes Szenario, das möglicherweise eher die Angst vor dem einsamen Sterben als vor dem Tod selbst verbreitet. Das Video der Familie Neutz präsentiert einen möglichen Weg des Durchbrechens dieser Einsamkeit.

Das Sterben in und mit digitalen Medien

Mithilfe der digitalen Massenmedien hat das Sterben in der Pandemie seinen Weg zurück in das öffentliche Leben gefunden. Dabei wird eine Tendenz erweitert, die bereits vorhanden war.

In den Medien ist das Sterben omnipräsent, Reportagen und Bilder über den Tod sind allgegenwärtig, zahlreiche Menschen begegnen dem Sterben ausschließlich in der medialen Welt. Wir erfahren aus Nachrichtenportalen, TV-Sendungen, Dokumentationen oder Computerspielen, wie das Leben endet, wobei es sich häufig um das Leben von fremden Menschen handelt. Medien zeigen nicht nur intensiv den Tod und das Sterben, sondern sie normieren diese Phänomene sowie die Art und Weise, wie die Zuschauenden damit umgehen sollten. Darüber hinaus bieten digitale Medien auch interaktive Formen des Umgangs mit Sterben und Trauer, die den Zugang zu diesen in unserer Gesellschaft verdrängten Prozessen verändern. Dabei generiert die Corona-Krise einen starken Impuls in diese Richtung.

Das Video der Familie Neutz zeigt die Überwindung der räumlichen Entfernung anhand von Medien in einer extremen Situation. In der idealisierten, harmonisierenden Darstellung einer US-amerikanischen Familie angesichts des Covid-19-Todes der Familienältesten werden zahlreiche Themen verknüpft, die typisch für den zeitgenössischen Umgang mit dem Sterben sind. Das Video kann deswegen nicht nur als eine partikuläre Geschichte gelesen werden, die sich in den Vereinigten Staaten ereignet hat, sondern auch im Hinblick auf sein Pozential, neue Formen im Umgang mit dem Ende des Lebens im digitalen Zeitalter zu ermöglichen.

Literatur

Hanusch, Folker, 2010, Representing Death in the News. Journalism, Media and Mortality, Basingstoke: Palgrave Macmillan.

Levitz, Jennifer/Berger, Paus, 2020, ‹I'm Sorry I Can't Kiss You› – Coronavirus Victims Are Dying Alone, The Wall Street Journal, 10.4.2020, https://www.wsj.com/articles/im-sorry-i-cant-kiss-youcoronavirus-victims-are-dying-alone-11586534526 (aufgerufen am 6.9.2020).

Nassehi, Armin/Weber, Georg, 1989, Tod, Modernität und Gesellschaft. Entwurf einer Theorie der Todesverdrängung, Opladen: Westdeutscher Verlag.

Tirschmann, Felix, 2019, Der Alltag des Todes. Perspektiven einer wissenssoziologischen Thanatologie, Wiesbaden: Springer VS.

Das Virus ist unsichtbar, der Tod ganz konkret

Daria Pezzoli-Olgiati

Abb. 18: Die Kirche San Giuseppe Artigiano in Seriate wurde im März 2020 zur Aufbahrungshalle umfunktioniert, Foto von Andrea Fassani für Ansa.

Im März 2020 verzeichnete die norditalienische Provinz Bergamo eine außerordentliche Zunahme an Todesfällen. Das italienische nationale Institut für Statistik Istat veröffentlichte Anfang Mai die Zahlen: Die Sterberate lag Ende März weit über dem normalen Verlauf der demografischen Entwicklungen. Das für das menschliche Auge unsichtbare Coronavirus forderte so viele Opfer, dass der gewohnte, erprobte Umgang mit den Verstorbenen nicht mehr möglich war. Die Provinzbehörden suchten nach Möglichkeiten, die Toten zu lagern, bis sie bestattet werden konnten. Die römisch-katholische Pfarrei des Santissimo Redentore in Seriate, einer an die

Stadt Bergamo angrenzenden Kleinstadt, fragte die Kirche San Giuseppe Artigiano dafür an.

Dieses schlichte sakrale Gebäude aus den 1960er Jahren ruft mit der elaborierten Betonstruktur den Einfluss des Brutalismus auf die italienische Architektur in Erinnerung. Die Kirche befindet sich in einem Teil der Stadt, der vom Übergang von einer Bauern- zu einer Arbeiterkultur geprägt ist; der Name «St. Joseph der Handwerker» verdichtet diesen Bezug zur Nachkriegszeit. Die Fotos aus dieser improvisierten Aufbahrungshalle angesichts des Massensterbens in Norditalien sind zur Ikone der Krise geworden. Sie kündigen plastisch an, was das Virus bewirken kann und motivieren Individuen und Gemeinschaften dazu, etwas dagegen zu unternehmen. Die potenziellen Folgen der Ansteckung auf die Bevölkerung werden dabei auf unmissverständliche Weise sichtbar gemacht.

Der Kirchenraum wurde für diese ungewohnte Verwendung umfunktioniert; die Bänke sind auf die Seite oder in die Mitte geschoben worden. An den sonst schmucklosen Backsteinwänden hängen Bilder mit den verschiedenen Stationen des Kreuzwegs, die die Passionsgeschichte Jesu visuell in Erinnerung rufen.

Ein Priester segnet die Toten; ein Mensch im weißen Schutzanzug desinfiziert den Boden und die Särge. Die zeitliche und räumliche Gleichzeitigkeit dieser Reinigungspraktiken, deren Bedeutung in ganz andersgearteten Orientierungssystemen wurzelt, ist erstaunlich. Die unterschiedlichen Handlungen verweisen auf verschiedene Umgangsarten mit dem Tod: Die eine versteht den Tod als Übergang vom irdischen Lebensweg hin zu einem hoffnungsvollen Jenseits, die andere betrachtet ihn als logistische Herausforderung, als Verweis auf den verwesenden Körper, der möglichst schnell beseitig werden muss.

Die Kirche als vorübergehende Aufbahrungshalle

Trotz der unterschiedlichen Herangehensweisen an den Tod, die das Bild zeigt: Die Särge sind alle gleich. Darin ruhen die Menschen, die dem Virus erlegen sind. Die Identifikation der an Covid-19 verstorbenen Personen wird mit Namen und groß geschriebenen Zahlen gesichert. Als Zusehende können wir die Identität der Toten nicht erkennen. In dieser Aneinanderreihung von gleichen Totenschreinen verschwindet die Persönlichkeit des Einzelnen hinter den Holzwänden dieser vorübergehenden Ruhestätte. Wir erfahren nicht, ob darin alte Menschen oder Leute, die in Spitälern arbeiteten, liegen; Individuen, die nach einem langen, erfüllten Leben Abschied nahmen oder die durch den Tod von unerträglichem Leiden erlöst wurden. Aus dem Kontext wissen wir bloß, dass sie allein in Spitälern, in Altenheimen oder bei sich zu Hause in der Isolation gestorben sind, mitten in der Ausgangssperre.

Abb. 19: 45 Särge in der Kirche San Giuseppe in Seriate am 26.3.2020, Bare senza tomba. Il dramma dei morti da Covid, Szenenbild (00:00:34).

Don Mario Carminati, der Erzpriester der römisch-katholischen Kirchgemeinde in Seriate, begründet seine Entscheidung, die Kirche als Aufbahrungshalle zur Verfugung zu stellen, als religiös motivierte Geste der Solidarität. In zahlreichen Interviews erklärt er, dass die Kirche nichts anderes sei als das Haus des Vaters, zu dem die verstorbenen Gläubigen hingehen. «Wir stecken sie nicht ins Lagerhaus, sondern in eine Kirche, ins Haus des Herrn».

Nachdem die wesentlichen Verse der Trauerliturgie gesprochen sind, schreiten die Priester der Gemeinde Ende März 2020 an den immer zahlreicher werdenden, in regelmäßigen Abständen aneinandergereihten Särgen entlang, segnen sie mit Weihwasser und rezitieren die abschließenden Segensworte: «L'eterno riposo dona a loro, Signore, e splenda ad essi la luce perpetua. Riposino in pace. Amen», auf Deutsch: «Herr, gib ihnen die ewige Ruhe, und das ewige Licht leuchte ihnen. Lass sie ruhen in Frieden. Amen». Damit wird der Tod als Übergang in die ewige Ruhe, ins ewige Licht gedeutet, mit dem Verweis auf eine jenseitige Form absoluten Lebens. Das Leben der Verstorbenen wird in die Heilsgeschichte gestellt und mit dem Gedanken der Auferstehung verbunden.

Erst die Person im Schutzanzug hebt durch Kontrast hervor, wie normal der Priester, der den Segen spendet, angezogen ist. Er trägt die üblichen liturgischen Gewänder, eine violette Stola und eine weiße Tunika, die Albe. Violett ist die liturgische Farbe für Zeiten der Buße und der Vorbereitung, wie die Adventszeit vor Weihnachten oder die Fastenzeit vor Ostern. Sie wird auch für Begräbnisse und Todesrituale verwendet.

Die weiße Farbe ist in verschiedenen Kleidungspraktiken unterschiedlich konnotiert: Reinheit, Licht und Göttlichkeit auf der einen Seite, Sauberkeit und Desinfektion auf der anderen. Der komplett verhüllte Soldat im weißen Schutzanzug ist eine Fachkraft, die dafür sorgen muss, dass die Kirche desinfiziert wird. Er gehört zum staatlichen Dispositiv zur Bekämpfung der Epidemie und hält die strengsten Hygieneregeln ein, die dafür vorgesehen sind: abgedichteter Schutzanzug mit Kapuze und Mundschutz sowie Schutzbrille. Damit wird ein ganz anderer Zugang zum Tod sichtbar gemacht als bei der Handlung des Priesters: Der Tod ist eine Gefahr, die unter Kontrolle gehalten werden muss. Es geht hier um den Kampf gegen das Virus und gegen mögliche Infektionsherde. Die Handlung des Armeeangehörigen ist Teil einer anderen Logik im Umgang mit der Pandemie als jene des Priesters. Putzen mit desinfizierender Flüssigkeit auf der einen Seite, Segnen mit Wasser auf der anderen. Beide Maßnahmen haben mit Schutz zu tun, gehören aber zu unterschiedlichen Weltanschauungen: das Weihwasser unterstreicht die Segensworte, die den Toten in der jenseitigen Reise begleiten, während das Desinfektionsmittel mögliche Krankheitserreger gemäß wissenschaftlichem Wissen zerstört.

Ein ungewohnter Trauerumzug mit Militärlastwagen

Dies zeigt sich auch anderswo: Eindrücklich ist der Transport der Leichname. Dafür werden der Zivilschutz, die Armee und die Polizei aufgeboten. Die Särge werden in Gruppen von sechs in die Militärlastwagen geladen, um in Städten der Emilia Romagna, etwa 200 km entfernt, eingeäschert zu werden. Während die Symbole und Rituale, die in den fotografischen und audiovisuellen Innenaufnahmen der Kirche hervorgehoben werden, das Leiden der Menschen, die Passion Jesu und die Hoffnung auf ein strahlendes Jenseits evozieren, steht die staatliche Intervention im Zentrum der Bilder, die außerhalb des sakralen Gebäudes aufgenommen wurden. Zwei italienische Flaggen hängen links und rechts des Eingangs der improvisierten Leichenhalle. Die staatlichen Sicherheits- und Schutzbehörden sind vor Ort, bewerkstelligen die Organisation und die tadellose, effiziente Entsorgung der Verstorbenen. Die unterschiedlichen Uniformen deuten auf die verschiedenen involvierten Armeeflügel hin, khakifarbene Tarnmuster dominieren die Reportagen.

Abb. 20: Der Trauerumzug der Militärlastwagen, die die Särge von Seriate in andere Städte transportieren, 26.3.2020, Bare senza tomba. Il dramma dei morti da Covid, Szenenbild (00:02:20).

Das sind die ikonischen Bilder, die weltweit die Folgen des Virus zeigen. Die grafischen Vergrößerungen des Virus, die allgegenwärtigen Kugeln mit den herausstechenden Spitzen, vermögen es nicht, die Zuschauenden emotional zu involvieren. Die Bilder der zahlreichen Särge schaffen es, eine Ahnung von dem zu vermitteln, was wir nicht darstellen können: die Vergänglichkeit des Menschen. Die Särge sind durchnummeriert und in regelmäßigen Abständen auf dem Kirchenboden disponiert: Damit wird Ordnung im emotionalen und gesellschaftlichen Chaos herbeigeführt. Der Tod scheint somit kategorisierbar, kontrollierbar und rationalisierbar zu sein. Es geht dabei nicht nur um die einzelnen Menschen, die in der Provinz Bergamo gestorben sind, sondern die Bilder dienen als allgemeine, sehr konkrete Visualisierung des Todes, der die ganze Welt bedroht.

Der Tod als existentielle Grundfrage

Der Tod ist ein Phänomen, das alles, was lebt, betrifft. Obwohl er allgegenwärtig ist, liegt er jenseits der Grenze unserer eigenen Erfahrung. Wir können unser eigenes Ende nicht darstellen. Der Tod ist visuell unverfügbar. Man kann versuchen, ihn durch seine Auswirkungen zu repräsentieren oder aber durch symbolische Motive, beispielsweise wie in vielen europäischen religiösen Traditionen als ein Skelett mit einer Sense, zu evozieren.

Was liegt jenseits der Grenze, die den Tod markiert? Diese Frage bleibt auch in der ausdifferenzierten, von Wissenschaft und Technik geprägten Gesellschaft relevant. Die Spannungen zwischen dem, was kontrollierbar ist, und dem, was sich jeder Form der Kontrolle entzieht, verdichten sich am deutlichsten im Phänomen des Todes. Die Pandemie hat Grundfragen des Menschen angesichts der Fragilität und Endlichkeit des Lebens in den Vordergrund gestellt.

Der Altorientalist und Kulturwissenschaftler Jan Assmann beschreibt den Tod als die Herausforderung, die der Bildung und Formung jeder Kultur innewohnt. Es ist die Grundfrage, die Menschen seit jeher beschäftigt. Nach Assmann kann Kultur verstanden werden als eine fortdauernde Arbeit gegen das Vergessen, als eine Arbeit an der Materialisierung und Speicherung von dem, was wir Menschen schaffen und was uns ausmacht. Der Endlichkeit und dem Vergessen trotzen, vielleicht ist dies der Antrieb menschlicher Kultur.

Die Versuche, den immer anwesenden Tod zu imaginieren, kreisen um Bilder, die langlebig sind, von Generation zu Generation weitergegeben, immer wieder adaptiert und verändert werden. In den verschiedenen Weltanschauungen, die die Bilder aus Seriate in sich verdichten, werden gemeinsame Leitmotive, die mit dem Tod einhergehen, mit unterschiedlichen Deutungen versehen. Der Tod erscheint als fieser Feind des Lebens, der Menschen plötzlich zu sich holt. Er ist geheimnisvoll, unvorhersehbar. Und er begegnet dem einzelnen Menschen, in der Corona-Krise ganz besonders dann, wenn Personen von ihren Angehörigen getrennt sind. Auch wenn der Tod viele Menschen gleichzeitig trifft, bleibt er eine individuelle, nicht vermittelbare Erfahrung. In diesem Sinne hat der Tod auch mit Gleichheit zu tun, was durch die beinahe identischen, durchnummerierten Särge in der (audio-)visuellen Berichterstattung besonders stark hervorgehoben wird.

Der Tod als bedrohlicher, unvorhersehbarer und unkontrollierbarer Aspekt menschlicher Existenz wird von den zwei inszenierten Weltanschauungen sehr unterschiedlich gedeutet. Die römisch-katholische Kirche als vorübergehende Zwischenstation auf dieser letzten Reise steht hier für das religiöse Weltbild. Darin wird der Tod als Übergang von diesem endlichen zu einem vollendeten Leben geschildert. Der Trauer um den Verlust von geliebten Menschen wird mit der bevorstehenden Aufnahme ins Haus des göttlichen Vaters begegnet. Die Hoffnung auf das Licht des Jenseits fügt die Endlichkeit des Lebens in eine Gesamtsicht, sowohl der Biografie des Einzelnen als auch der kosmischen Bedeutung religiöser Erlösung.

Für das staatliche Dispositiv ist der Tod die Folge einer Seuche, die biologisch und medizinisch im Detail beschrieben werden kann. Die Leichen müssen gemäß vorgeschriebenen Verfahren entsorgt und von den Lebenden rasch getrennt werden. Der Trauerumzug der Lastwagen mit Tarnmotiven bezeugt die Überforderung des zivilen Bestattungswesens und kristallisiert die Gefahr heraus, der die Epidemie die gesamte Gesellschaft ausgesetzt hat: Diese Bilder inszenieren die Effizienz des Staates in der Not.

Die Reportagen aus Seriate im März 2020 stellen eine Verbindung von Gesellschaftsbereichen angesichts des Todes dar, die keineswegs selbstverständlich ist. Nicht alle Verstorbenen werden römisch-katholisch oder überhaupt religiös sein, die Aufgabe der Ordnungskräfte liegt nicht in der Organisation des Bestattungswesens. Diese außerordentliche Zusammenarbeit erscheint in der Medienberichterstattung als Höhepunkt einer existenziellen, gesellschaftlichen und staatlichen Krisensituation und zugleich als Ausdruck von gesellschaftlichem Zusammenhalt angesichts eines Phänomens, das in der vorpandemischen Normalität verdrängt wurde. In der Krise wird die Trennlinie zwischen religiösen und säkularisierten Formen des Umgangs mit dem Tod verwischt.

Abb. 21: Medienvertreter:innen und Fotograf:innen nehmen das Geschehen in der Kirche auf; Szenenbild aus einem Video der Pfarrei (04:58).

Die Leere des als Aufbahrungskapelle dienenden Gotteshauses ist inszeniert. Viele Menschen befinden sich darin. Es sind nicht die trauernden Angehörigen, sondern die Medienvertreter:innen, die die Bilder produzieren, die wir hier gerade besprechen (Abb. 21). Sie sind jene, die dem Tod eine konkrete Gestalt geben. Sie verdichten mit der Reportage das, was die Welt lahmlegt, zur Schließung der öffentlichen Einrichtungen, der Schulen, der Produktionsstätten, der nationalen Grenzübergänge führte und die Bevölkerung wochenlag in ihre Häuser zwang. Nicht die Kirche und nicht der Staat, sondern die Medien liefern Bilder, die uns das Ausmaß der Pandemie vor Augen führen. Sie machen das sichtbar, was Menschen in der Ausgangssperre nicht direkt erleben können. Damit entfalten sie ein starkes emotionales Engagement und zugleich eine große Distanz; sie stellen Ereignisse in ein bestimmtes Licht und vermitteln damit spezifische Werte und Normen. Das Virus mag unsichtbar sein, der fiese Feind mit der Sense hingegen ist wirksam. Die Bilder der Kirche in der norditalienischen Provinz visualisieren die Endlichkeit des Lebens jenseits nationaler, kultureller, religiöser und sprachlicher Grenzen.

Literatur

Assmann, Jan, 2000, Der Tod als Thema der Kulturtheorie, Frankfurt am Main: Suhrkamp.

von Barloewen, Constantin (Hg.), 2000, Der Tod in den Weltkulturen und Weltreligionen, Frankfurt am Main: Insel Verlag.

Nassehi, Armin/Weber, Georg, 1989, Tod, Modernität und Gesellschaft. Entwurf einer Theorie der Todesverdrängung, Opladen: Westdeutscher Verlag.

Wirklichkeitsdeutung zwischen Fakten und Fake News

Gerade in Zeiten der Krise streben Menschen nach Kohärenz, nach einer sinnhaften Erklärung der Welt. Aus dem alltäglichen Trott gerissen, befinden wir uns plötzlich in einer gänzlich unerwarteten Situation und müssen uns neu orientieren, auf bisher Unbekanntes reagieren und neue Informationen in unser Verständnis der Realität integrieren. Um in diesen fremden Fahrwassern den Weg zu finden, stehen verschiedene Karten zur Verfügung, die versprechen, uns die Route in ruhigere Gewässer zu weisen. Doch die Karte entspricht nicht eins zu eins dem Gebiet, sie kann immer nur eine Annäherung, nur eine Perspektive unter vielen sein.

Auch in der Pandemie gibt es eine Vielzahl von Standpunkten und Blickwinkeln. Natur-, Sozial- und Geisteswissenschaften, wirtschaftliche, politische und ethische Betrachtungsweisen, Meinungen und Lehren von verschiedenen Institutionen, Spekulationen und Theorien aus dem Internet tragen alle dazu bei, die Lage zu deuten, in der wir uns befinden. Dabei werden wir mit sehr unterschiedlichen und teilweise widersprüchlichen Schlussfolgerungen konfrontiert, obwohl ein und dasselbe Ereignis im Fokus der Betrachtung steht; obwohl es immer um die Klärung der Frage geht, wie wir mit der Bedrohung durch Covid-19 am besten umgehen sollten.

Aus diesem Sammelsurium von Daten, Fakten und Interpretationen setzen wir uns nun unsere Sicht auf die aktuellen Geschehnisse, unser Bild der Welt zusammen. Dass es dabei zu radikal unterschiedlichen Ergebnissen kommen kann, ist bei der Fülle an Informationen und der Komplexität der Ereignisse nicht verwunderlich. Zusätzlich sind wir alle von unseren soziokulturellen Prägungen beeinflusst, von unserem Vorwissen, von politischen Einstellungen und Ideologien, die zunehmend von Medien mitgestaltet werden.

In den nächsten beiden Beiträgen werden zwei Versuche der Welterklärung in Zeiten der Pandemie genauer betrachtet. Im ersten wird ein Debattenbeitrag untersucht, der die neoliberale Sicht auf die Maßnahmen zum Schutz vor dem Virus mit einem religiösen Opferkult gleichsetzt. Der zweite Beitrag stellt die Frage, warum manche Menschen in der Pandemie das Werk von dunklen Mächten sehen.

Michael Maderer, 1994, ist Student des Masterstudiengangs Religions- und Kulturwissenschaft an der Ludwig-Maximilians-Universität in München.

Der Lockdown war für mich eine Konfrontation mit den gegensätzlichen Tendenzen der gegenwärtigen Gesellschaft. Einerseits zeigten sich Menschen solidarisch und hilfsbereit, andererseits wurden Zukunftsängste geschürt und Selbstbezogenheit propagiert. Die Informationstechnik zeigte ihre Vor- und Nachteile durch die Verbreitung von Information und Missinformation. Die Situation und ihre Verarbeitung durch die Menschen haben mir auch gezeigt, welche Tragweite die Themen, denen ich im Studium der Religions- und Kulturwissenschaft begegnet bin, haben.

Matthias Eder, 1980, arbeitet derzeit an der Ludwig-Maximilians-Universität München an einer religionswissenschaftlichen Dissertation über das Verhältnis von Religion und Rechtsextremismus.

Ich wurde von der Pandemie und dem damit einhergehenden Lockdown aus meinem alltäglichen Trott gerissen. Diese ungewohnte Situation brachte mich dazu, meine Lebenssituation, meine Pläne und meine Beziehungen intensiv zu betrachten und neu zu bewerten. Diese Zeit, in der sich die Ereignisse teilweise überschlagen haben und täglich neue Informationen auf uns einprasselten, war für mich auch eine Zeit der Ruhe und der Introspektion. Wie mir ging es wahrscheinlich vielen Menschen, die plötzlich zum Stillstand gezwungen waren und die aus dieser Erfahrung auch positive Einsichten gewinnen konnten.

Erlösung durch Kapitalismus

Michael Maderer

Die allgegenwärtigen negativen Auswirkungen der Pandemie haben weitreichende Veränderungen mit sich gebracht. Angesichts dieser Bedrohung des allgemeinen Wohlergehens wird von jedem Individuum ein vernünftiger Beitrag zum Schutz und Erhalt der Gemeinschaft abverlangt. Das Virus ist Teil des gegenwärtigen Lebens geworden und wird dies wohl bleiben. Um die Verbreitung einzudämmen und einen mehr oder weniger kontrollierbaren Rahmen zu schaffen, konnte man beobachten, wie in den Ländern verschiedene Methoden angewandt wurden. Jede dieser Methoden verlangt die Kooperation jedes einzelnen Bürgers und ein gewisses Maß an Rücksicht gegenüber dem Rest der Bevölkerung.

Die weitreichenden Lockdowns sind ein Musterbeispiel der Reaktionen auf die Krankheit. In dieser Phase der neuen Situation wurden weitreichende Diskussionen über die Notwendigkeit und die Größenordnung von Maßnahmen wie den genannten geführt. Aus diesen Debatten sind unterschiedliche Meinungen hervorgegangen, die ihrerseits wiederum weitere Debatten angestoßen haben. Diese Kettenreaktion innerhalb der kontroversen Meinungsbildung wird in zahlreichen Beiträgen in Zeitungen gespiegelt.

Am 21. April 2020 veröffentlichte *Die Zeit* den Artikel *Menschenopfer für den Kapitalismus* auf ihrer Online-Seite. Der Autor, Thomas Assheuer, fasst die damaligen Reaktionen auf das Coronavirus, die Folgen für die randständigen und älteren Mitglieder der Gemeinschaft, die Meinungen der Philosophen und die kritischen Stimmen gegen die Maßnahmen, die die Regierungen ausgesprochen haben, zusammen. In diesem Querschnitt über die Wahrnehmung der Krise scheint eine Kritik des Kapitalismus sehr deutlich durch. Der Journalist spricht sich gegen US-amerikanische Positionen aus, die dem Staat unterstellen, durch die Maßnahmen Wachstum und Wirtschaft in Gefahr zu bringen. Er wirft den Angesprochenen vor, Kapitalismus als eine «Kultreligion» zu praktizieren, die keine Achtung vor Menschenleben habe und den Versuch unternehme, die mögliche Bedrohung harmlos darzustellen, um den Status quo zu erhalten. Der Begriff Religion wird von Thomas Assheuer negativ konnotiert.

«Menschenopfer für den Kapitalismus»

Der Titel von Assheuers Beitrag kündigt von Anfang an die Positionen, mit denen er sich auseinandersetzt, an: Die grundlegenden Vorstellungen von Vertretern des Kapitalismus sollen auf provokative Weise entlarvt werden. Es stellt sich jedoch von Beginn an die Frage, ob der Begriff der Religion zutreffend ist, um diese Kapitalismuskritik zum Ausdruck zu bringen. Kapitalismus als eine Form von Religion zu betrachten, ist nichts Neues. Spannend ist jedoch, bei diesem Artikel herauszufinden, welche Züge des Kapitalismus als religiös erfasst werden und welche Konnotationen damit verbunden sind.

Religion und Kapitalismus sind zwei Phänomene, die auf den ersten Blick nichts Gemeinsames haben: Kapitalismus ist ein wirtschaftliches System, das auf einer rationalen, auf Fakten ausgerichteten Lehre gründet und mit statistischen Berechnungen erforscht werden kann. Religion hingegen beschäftigt sich mit Dimensionen des Lebens, die die wahrnehmbare Welt transzendieren, die weder beobachtet noch gemessen werden können. Diese pauschalen Zuordnungen sind jedoch irreführend.

Bei näherer Betrachtung verschwimmen nämlich solche fraglichen Grenzen zwischen Kapitalismus und Religion. In Wirtschaftssystemen, auch im Kapitalismus, tauchen Parallelen zu dem auf, was in der Religionswissenschaft als Religion bezeichnet werden kann. Beispielsweise lässt sich ein Konzept wie «die unsichtbare Hand», die den Markt zugunsten der Beteiligten kontrolliert, mit der Idee einer vorhersehenden Gottheit vergleichen. In *Die protestantische Ethik und der Geist des Kapitalismus* verortet Max Weber die Wurzeln des Kapitalismus im Protestantismus; damit erklärt er den Erfolg dieses Wirtschaftsmodells anhand eines konfessionell begründeten Ethos. Auch Walter Benjamin hebt in den 1920er Jahre die religiöse Beschaffenheit des Kapitalismus im Essay *Kapitalismus als Religion* hervor. Dies sind nur zwei kurze Hinweise auf eine tiefgehende, langjährige Debatte, die sich mit den Verflechtungen dieser beiden Phänomene beschäftigt. Thomas Assheuer nimmt in seinem Artikel Positionen ins Visier, die in verschiedenen Beiträgen in der *Neuen Zürcher Zeitung* im März und April 2020 geäußert wurden. Ich will drei davon genauer anschauen.

«Wollt ihr denn ewig leben?»

Unter dem Titel *Es ist die Frage, die die Absurdität mancher Notmaßnahmen offenbart: Wollt ihr denn ewig leben?* kritisiert der Autor Georg Bindschedler die zum damaligen Zeitpunkt ergriffenen Maßnahmen gegen das Virus.

Dabei nimmt er eine Überbewertung des Problems durch die Medien an, die er als «selbsterfüllende Prophezeiung» bezeichnet: Eine Vorhersage prägt das Handeln so stark, dass das Vorausgesagte dadurch erfüllt wird. Damit stellt der Autor die Gefahr, die vom Virus ausgeht, als eine von außen herbeigeführte Übertreibung dar. Somit würden die Regierungen ermächtigt, das Notrecht – ein Begriff, der aus Carl Schmitts Gedanken zum Ausnahmezustand entlehnt ist –, einzusetzen. Dies würde die Demokratie bedrohen, die durch «Politiker», «Gutmenschen», «Bürgerliche», «Grüne und Rote» grundlegend verändert würde. Dies führe schließlich zu einer Welt, in der alle Menschen dauerhaft überwacht werden, eine Entwicklung, die sich in der Zukunft zusätzlich verstärken werde. Der sich überschätzende Mensch sei dabei, einen «finanziellen Turm zu Babel» zu errichten. In den Worten des Verfassers:

> Am finanziellen Turm zu Babel, dessen Bau lange vor der Finanzkrise 2008 begann, mit dieser aber eine gewaltige Steigerung in schwindelerregende Höhen erfuhr und heute mit den Wirtschaftsprogrammen zum Reset der Wirtschaft noch übertroffen wird, wird weitergebaut.

Die Metapher des Turmes bezieht sich dabei auf die Wirtschaftsprogramme der Regierungen. Dem Staat, den Bindschedler in Anführungszeichen als allmächtig bezeichnet, wird vorgeworfen, nicht rechtzeitig reagiert zu haben. Der völlige Stillstand der Wirtschaft infolge weiterer Pandemien ist in diesem Artikel das schlimmste anzunehmende Szenario. In diesem Fall würde das Geld, das nicht mehr erwirtschaftet wird, aus «Haircuts», beziehungsweise Schuldenschnitten, wie Abschläge auf die Werte von Vermögensgegenständen genannt werden, genommen. Hier fällt der Vergleich zwischen dem Staat und einem umgedeuteten Mephistopheles, der Teufelsfigur aus Goethes *Faust*:

> Der Staat handelt in Umkehrung von Mephistopheles' Worten so, dass er das Gute will und das Böse schafft.

Schließlich zeichnet der Autor einen Weg vom Chaos zur Ordnung: Nur durch die Infragestellung der Maßnahmen könne Rationalität wieder erfahren werden. Hierzu verwendet er ein Zitat aus der biblischen Josephserzählung. Er spricht von «sieben fetten und sieben mageren Jahren», die er mit der menschlichen Sterblichkeit verbindet.

> Akzeptieren wir, dass der Mensch sterblich ist, ein langes Leben nicht per se Ziel sein kann, dass Wohlstand auf produktiver Arbeit – und nicht auf das Leben erstickender Bürokratie – beruht, dass auf sieben fette auch sieben magere Jahre folgen können und Letztere die Chance

zur Erneuerung bedeuten, dass dem politischen Handeln Grenzen gesetzt sein müssen, da es sonst zum Machtmissbrauch und zum Crash führt.

Die religiösen Anspielungen und Zitate fallen besonders auf. Sie werden zur Verstärkung der Hauptthesen eingesetzt. Sie unterstreichen starke negative Emotionen gegen den Staat und die – in den Augen des Verfassers – übervorsichtigen Maßnahmen. Der Staat wird zum Mephistopheles stilisiert und alle Aktionen, die die Wirtschaft einschränken, sind ein Akt des babylonischen Hochmuts. Den Ausweg bieten die Arbeit und der Erhalt bestehender Systeme. Der Mensch soll nicht erwarten, dass sein Leben optimal geführt werden könne, es werde immer fette und magere Jahre geben. Aber eine erstrebenswerte Zukunft könne nur durch den Erhalt der Geldflüsse gewährleistet werden, nicht durch den Schutz menschlicher Gesundheit.

«Der Notstand-Staat»

Der zweite Artikel, auf den Assheuer antwortet, ist von Hans Ulrich Gumbrecht. Er trägt den Titel *Der Notstand-Staat* und erschien ebenfalls in der *Neuen Zürcher Zeitung* Der Beitrag setzt mit der Kritik der Menge und der Qualität moderner Information zur Corona-Pandemie ein. Dabei werden drei Entwicklungen beschrieben: das Fehlen von «religiös getönten Reaktionen», das Fehlen intellektueller Expertisen und die zunehmende Zentralität des Staates. Die negativen Aspekte des Umgangs mit der Pandemie, der als Einmischung ins Privatleben durch den Staat aufgefasst wird, werden betont. Die eingreifende Regulierung des Verhaltens der Bevölkerung würde die Freiheit einschränken. Es wird ein Bild des Staates als Herrscher entworfen, dessen Willkür die Bevölkerung ausgesetzt sei:

> Der Staat im klassischen Sinn als Souverän über einen genau umschriebenen Raum, der Staat, dessen Eingriffe in ihr eigenes Leben sich die meisten Bürger bis vor kurzem verbitten wollten.

Bemängelt wird dabei nicht nur die Durchsetzung, sondern auch die Undurchsichtigkeit der Maßnahmen. Gumbrecht stellt das, was er als Gleichheitsprinzip bezeichnet, als ein Risiko dar. Die notwendig zu stellende (rhetorische) Frage, ob ein Gleichheitsprinzip, das die ältere Bevölkerung retten soll und die Zukunft der jüngeren gefährden würde, tatsächlich als eine Option erwogen werden soll, kennzeichnet er selbst als Tabubruch. Gumbrecht beantwortet diese Frage nicht, sondern prognostiziert, dass die

Erhaltung (und die mögliche Erweiterung) der Maßnahmen das «Ende der Menschheit» einläute.

> Jeder Tag des verordneten Stillstands mag also nicht nur ein Tag auf dem Weg zur Überwindung der Pandemie, sondern auch ein Tag auf dem Weg zum Ende der Menschheit sein.

Zum Schluss beteuert Gumbrecht, dass eine Kombination aus fehlenden Informationen und einem erstarkenden Notstandsstaat zu Krisen führen werde.

Eigentlich beschreibt dieser Autor nichts anderes als eine Art säkularer Eschatologie, in der die Menschheit, die sich einschränken lässt, vor einer möglichen Katastrophe stehe, die nur durch Überdenken und kritischen Blick gegenüber dem Notstandsstaat verhindert werden könne. Um die Katastrophe abzuwenden, soll ein Tabu gebrochen werden: ein Teil der Bevölkerung, vornehmlich ältere Menschen, sollen für eine stabile Zukunft geopfert werden.

«Denk an die Freiheit, die dir gehört»

In der gleichen Tageszeitung äußerte sich auch Xenia Tchoumi in einem Beitrag mit dem Titel *Wenn dir dein Leben gerade wie ein Zombie-B-Movie vorkommt: Denk an die Freiheit, die dir gehört.* Nach der Aufzählung einiger geschlossener Geschäfte bezeichnet die Autorin die Situation im April als prekär. Dabei spricht sie von Dystopien und Überwachung. Die Auswirkungen der Einschränkungen werden beschrieben und der Verlust der Freiheit, die hier mit unbegrenzten Reise- und Konsummöglichkeiten gleichgesetzt wird, hervorgehoben.

> Ich bin an meine Freiheiten gewöhnt. Ich mag es, rasch in ein Flugzeug zu steigen, so wie ich am Morgen in den Bus springe – um dorthin zu gehen, wo immer ich gerade will.

Die Einschränkungen im Lockdown würden nicht nur Verschwörungstheorien begünstigen, sondern die Gestaltung der persönlichen Freiheit reduzieren. Obwohl schließlich in der Pandemie auch Chancen lägen, müssten sich die Lesenden mit der Frage beschäftigen, auf die die gesamte Argumentation hinzielt: Wird es nach der Pandemie wieder Freiheit geben? Tchoumi ist der Ansicht, dass nur durch den Kapitalismus Freiheit gewährleistet werden kann; dieser Wirtschaftsform spricht sie eine heilbringende Wirkung zu:

> Darum muss auch der Kapitalismus überleben, weil er uns nicht nur antreibt, sondern auch die schlechten menschlichen Impulse in für alle nützliche Bahnen lenkt. Darin besteht seine Kraft. Er schafft Wohlstand für die meisten. Respektiert das Individuum und stärkt die Menschenrechte.

Die Maßnahmen gegen das Virus werden in diesem Essay als sinnvoll dargestellt, soweit sie vorübergehend bleiben. Im Hintergrund schwebt die Gleichsetzung von Freiheit und Kapitalismus, dem Erlösungsweg aus der Krise.

Religion und Kapitalismus

Der kritische Blick auf den Kapitalismus als Religion erlaubt es, einige auffällige Parallelen zwischen diesen unterschiedlichen, ausgewählten Beiträgen, die die *Neue Zürcher Zeitung* in der ersten Phase der Covid-19-Krise veröffentlichte, zu vertiefen. Dabei wird Religion religionswissenschaftlich als ein symbolisches Zeichensystem definiert, das Menschen zur Orientierung dient. Interessant ist, hervorzuheben, dass religiöse Symbole und Motive in den verschiedenen Plädoyers zugunsten eines kapitalistischen Wirtschaftssystems explizit vorkommen. Darüber hinaus werden durch diese bestimmte Art der Ökonomie Heilsversprechen gemacht. In der Beschreibung des Staates fallen schwarz-weiße Dualismen auf: Freiheit und Untergang, Regulierung und Wohlergehen, Staat und Wirtschaft werden als Antagonismen inszeniert.

Den Lesenden wird der Eindruck vermittelt, vom Souverän betrogen und entmündigt zu werden. Zu viele von außen auferlegte Beschränkungen würden die menschliche Seinsordnung einengen; die Freiheit, der höchste Wert zur Entfaltung des *homo oeconomicus* und zur Erreichung des Wohlstandes, sei gefährdet. Es würden der Gesellschaft die Rückkehr ins Chaos und der Verlust der Welt, wie sie einmal war, drohen.

Die Positionen bedienen sich religiös besetzter Motive. Biblische Metaphern und eschatologische Szenarien, göttliche und teuflische Figuren transportieren Bedeutungen und Emotionen und sind wirksam, weil sie Teil eines gemeinsamen kulturellen Hintergrundes sind. Die Elemente stammen aus der christlichen Tradition, den ideologischen Rahmen und die Bewältigungsstrategien angesichts der Pandemie bilden der Kapitalismus und die Vorstellung einer funktionierenden Wirtschaft. Die Pandemie habe eine Reihe von Handlungen ausgelöst, die der Wirtschaft schaden würden. Dies ist, nach Ansicht der Autoren, eine Entwicklung, die umgekehrt werden müsse. Das Leben sei nicht wichtiger als Wohlstand, da Wohlstand dem Leben einen Wert gebe: Freiheit.

Literatur

Arndt, Andreas, 2017, Kapitalismus und Religion, in: Danani, Carla/Perone, Ugo/ Richter, Silvia (Hg.), Die Irritation der Religion. Zum Spannungsverhältnis von Philosophie und Theologie, Göttingen: Vandenhoeck und Ruprecht, 170–178.

Assheuer, Thomas, 2020, Menschenopfer für den Kapitalismus, Die Zeit, 21.4.2020, https://www.zeit.de/kultur/2020-04/corona-pandemie-kapitalismus-oekonomie-menschenleben (aufgerufen am 5.7.2020).

Benjamin, Walter, 2003 (1921), Kapitalismus als Religion, in: Baecker, Dirk (Hg.): Kapitalismus als Religion, Berlin: Kadmos, 15–18.

Bindschedler, Georges, 2020, Es ist die Frage, die die Absurdität mancher Notmaßnahmen offenbart: Wollt ihr denn ewig leben?', Neue Zürcher Zeitung, 17.4.2020, https://www.nzz.ch/feuilleton/corona-krise-wie-absurd-ist-denn-das-alles-ld.1552 008 (aufgerufen am 5.7.2020).

Geertz, Clifford, 1987, Dichte Beschreibung. Beiträge zum Verstehen kultureller Systeme, Frankfurt am Main: Suhrkamp.

Gumbrecht, Hans Ulrich, 2020, Der Notstand-Staat, Neue Zürcher Zeitung, 24.3.2020, https://www.nzz.ch/feuilleton/hans-ulrich-gumbrecht-coronavirus-notstand-und-die-zukunft-des-staates-ld.1548096 (aufgerufen am 5.7.2020).

Priddat, Birger P., 2013, *Benign Order und Heaven on Earth* – Kapitalismus als Religion? Über theologische Ressourcen in der Entwicklung der Modernen Ökonomie, in: Seele, Peter/Pfleiderer, Georg (Hg.): Kapitalismus – Eine Religion in der Krise I. Grundprobleme von Risiko, Vertrauen, Schuld, Baden-Baden: Nomos/ Zürich: Pano, 25–135.

Tchoumi, Xenia, 2020, Wenn dir dein Leben gerade wie ein Zombie-B-Movie vorkommt: Denk an die Freiheit, die dir gehört, Neue Zürcher Zeitung, 17.4.2020, https://www.nzz.ch/feuilleton/corona-krise-denk-an-die-freiheit-die-dir-gehoert-l d.1551944 (aufgerufen am 5.7.2020).

Weber-Berg, Christoph A., 2013, Die Entfaltung des Homo oeconomicus – Eine neue Sicht auf den wirtschaftlich tätigen Menschen, in: Seele, Peter/ Pfleiderer, Georg (Hg.): Seele, Peter/Pfleiderer, Georg (Hg.): Kapitalismus – Eine Religion in der Krise I. Grundprobleme von Risiko, Vertrauen, Schuld, Baden-Baden: Nomos/Zürich: Pano, 223–279.

Weber, Max, 1988 (1905), Die protestantische Ethik und der Geist des Kapitalismus, in: Gesammelte Aufsätze zur Religionssoziologie I, Tübingen: Mohr Siebeck, 17–206.

Die Verschwörung(en) hinter der Pandemie

Matthias Eder

Bill Gates genießt weltweite Bekanntschaft. Die Produkte der von ihm ge-
gründeten Firma werden von Milliarden von Menschen täglich verwendet.
Er wurde damit zu einem der reichsten Individuen der Welt. Doch mit
dem Coronavirus verbreiteten sich auch einige erschreckende Behauptungen über den amerikanischen Unternehmer. Der Multimilliardär und seine Frau Melinda engagieren sich schon seit geraumer Zeit für Gesund-
heitsinitiativen, vor allem in Entwicklungsländern. Da ein Fokus der Arbeit ihrer Stiftung die Entwicklung und Verbreitung von Impfstoffen ist,
waren Bill und Melinda Gates schon länger ein Feindbild in der Szene der
Impfgegner:innen. Dem Ehepaar wird dabei jegliches karitatives Interesse
abgesprochen, als Zweck der Stiftung und deren Projekte wird die Gier
nach Profit oder Macht unterstellt. In einer besonders extremen Erzählung
ginge es Bill Gates sogar darum, durch mittels Zwangsimpfungen verab-
reichter Gifte die Weltbevölkerung auf einige Hunderttausend zu reduzieren.

Während diese Narrative bisher außerhalb der Communities der Impf-
gegner:innen kaum bekannt waren, entstand durch die Pandemie eine
neue Dynamik. Die Darstellung von Bill Gates als Profiteur oder sogar als
Verursacher der Krise erreichte eine so weite Verbreitung, dass sich Zeitungen und Rundfunk genötigt sahen, derartige Behauptungen durch Fak-
tenchecks zu widerlegen.

Besonders prägnant wird dies im hier abgebildeten Cartoon von Ben
Garrison, einem US-amerikanischen politischen Karikaturisten, visualisiert
(Abb. 22). Garrisons Zeichnungen, die häufig mit sexistischen, rassisti-
schen und antisemitischen Motiven durchsetzt sind, sind vor allem in Teilen der amerikanischen Rechten, besonders der sogenannten *Alt-Right*, po-
pulär. Garrisons Bild trägt den Titel *The Plannedemic*, eine Kontraktion
von «the planned pandemic», die geplante Pandemie.

Es zeigt Bill Gates, der sich vor einem dunklen Hintergrund über eine
Schriftrolle beugt. Sein Gesicht ist zur teuflischen Fratze verzerrt, er blickt
die Betrachtenden direkt an. Am Revers trägt er eine Totenkopfnadel. Die
Schriftrolle beschreibt die sechs Schritte seines Plans: Unter der Ziffer eins
ist eine Repräsentation des Virus zu sehen, darunter das Gesicht aus Ed-

Abb. 22: Ben Garrison, *The Plannedemic*, 2020.

ward Munchs Gemälde *Der Schrei* und schließlich, in Großbuchstaben, das
Wort «FEAR!». Die Bevölkerung soll also durch die Angst vor Covid-19 in
einen Schockzustand versetzt werden. Stufe zwei zeigt einen Mann, der
ungläubig auf einen Bildschirm starrt, auf dem ein großes Stoppschild
prangt. Beschriftet ist sie mit «Informationskontrolle und Zensur». Als
drittes folgt das Bild eines Schalters, der das Herunterfahren der Wirtschaft
symbolisiert, und zweier Menschen, die sich nicht nahekommen dürfen
und damit das Gebot der sozialen Distanzierung repräsentieren. Ziffer vier
zeigt Donald Trump, dem die Schuld an der ganzen Situation in die Schu-
he geschoben werden soll. Bei Punkt fünf sehen wir einen bewaffneten
Menschen in Kampfmontur, «Kriegsrecht und Checkpoints», und schließlich eine riesige Spritze, die mit einem Barcode versehen ist, und für den
Beginn von Zwangsimpfungen steht. Das letzte Feld ist mit 666 beschriftet.

Die Nachricht, die den Betrachtenden hier übermittelt werden soll, ist
alles andere als subtil. Die Corona-Pandemie sei kein natürliches Phänomen, sondern Teil eines Plans, der von Bill Gates persönlich ausgeheckt
worden sei, um eine globale Zwangsimpfung durchzusetzen. Zu seinen

Beweggründen erfahren wir aus dem Bild selbst nur wenig. Die Spekulationen in den sozialen Medien reichen hier von reiner Profitgier, da Bill Gates ja an diversen Biotech-Unternehmen beteiligt ist, über die totale Überwachung durch mit der Impfung injizierter Mikrochips, bis hin zur einem von sogenannten globalen Eliten ersonnenen Plan zur Dezimierung der Menschheit, um so das Problem der Überbevölkerung ein für alle Mal zu lösen.

Orthodoxe und heterodoxe Verschwörungstheorien

Diese und ähnliche Narrative werden meist unter dem Begriff der Verschwörungstheorien zusammengefasst. Diese Bezeichnung hat allerdings im alltäglichen Sprachgebrauch einen stark wertenden Charakter. Eine Aussage als Verschwörungstheorie zu bezeichnen, bedeutet zumeist auch, ihr jeglichen Wahrheitsgehalt abzusprechen und so die Position des Gegenübers zu delegitimieren. Dies verschleiert jedoch die Tatsache, dass es in der Geschichte der Menschheit zahlreiche Verschwörungen gab, die durchaus historisch belegbar sind. Die Ermordung von Julius Caesar ist wohl eines der ältesten bekannten Beispiele.

Es gibt für historische Ereignisse aber teilweise konkurrierende Narrative. So ist beispielsweise auch die offizielle Version der Attentate vom 11. September 2001 die Geschichte einer Verschwörung, nämlich einer jihadistischen Verschwörung unter der Federführung von Osama bin Laden. Daneben existieren jedoch mehrere, von der gemeinhin akzeptierten Darstellung abweichende Erzählungen, die im öffentlichen Diskurs als Verschwörungstheorien bezeichnet werden, beispielsweise die Vermutung, die Attentate seien von der amerikanischen Regierung gewollt oder sogar selbst durchgeführt worden. Um diese verschiedenen Arten von Verschwörungsnarrativen klar zu trennen, verwenden die Soziologen Andreas Anton, Michael Schetsche und Michael Walter die Unterscheidung zwischen orthodoxen und heterodoxen Wirklichkeitskonstruktionen, also solchen, die dem offiziellen, von Regierungen oder anderen offiziellen Stellen bedienten Narrativ entsprechen, und solchen, die sich diesem entgegenstellen.

Mit dieser Unterscheidung ist keine Wertung verbunden, was den Wahrheitsgehalt bestimmter Aussagen anbelangt. Allerdings ist es durchaus so, dass viele populäre Verschwörungserzählungen, denen man heutzutage vor allem in den sozialen Medien begegnet, einer genaueren Überprüfung nicht standhalten. Man denke nur an die Theorie, dass die Erde eine Scheibe sei, was von Organisationen wie der NASA vertuscht werde, die sich in manchen Ecken des Internets noch immer großer Beliebtheit erfreut.

Im Falle des Narrativs, das die hier betrachtete Karikatur nahelegt, ist der Sachverhalt natürlich komplexer als bei der «Flachen Erde». Aber ich denke, wir können mit an Sicherheit grenzender Wahrscheinlichkeit annehmen, dass Bill Gates nicht wirklich plant, die Anzahl der Menschen durch vergiftete Impfungen auf wenige Hunderttausend zu reduzieren oder als Teil einer Weltregierung, der *New World Order*, die Macht auf dem Planeten zu übernehmen.

Einfache Erklärungen für komplexe Probleme

Der Erfolg solcher Erzählungen in einer scheinbar aufgeklärten Gesellschaft mag zunächst rätselhaft erscheinen, doch gibt es einige Faktoren, die ihre Verbreitung begünstigen. Eine Krise wie die Corona-Pandemie kann ein Gefühl von Ausgeliefertsein und Hilflosigkeit auslösen. Wir stehen einem unsichtbaren, übermächtigen Feind gegenüber, es gibt kaum Möglichkeiten, sich aktiv zur Wehr zu setzen. Noch dazu scheint das Virus fast aus dem Nichts aufgetaucht zu sein und hat binnen kürzester Zeit unser aller Leben, unser Wirtschaftssystem und auch das weltpolitische Geschehen auf den Kopf gestellt.

Bei solch gewaltigen Auswirkungen ist es schwierig zu akzeptieren, dass der Auslöser eine zufällige Mutation eines ansonsten harmlosen Erregers war, der bisher nur in Fledermäusen vorkam. Dieses mutierte Virus fand seinen Weg durch weitere Zufälle auf einen Markt in Wuhan, wo es dann den ersten Menschen infizieren konnte. Hier tritt ein psychologisches Phänomen auf, das bei der Entstehung und Verbreitung von Verschwörungserzählungen eine nicht zu unterschätzende Rolle spielt: Bei großen Ereignissen suchen Menschen nach großen Ursachen. Dieser *proportionality bias* genannte Effekt bewirkt, dass es oft leichter fällt, mächtige und im Verborgenen operierende Kräfte als Ursache einer Krise anzunehmen, als eine Verkettung unglücklicher Umstände.

Vor allem aber können Verschwörungserzählungen dazu beitragen, die Komplexität der Ereignisse zu reduzieren und sie in ein kohärentes Weltbild zu integrieren. Derartige Vorstellungen bieten eine Erklärung der Geschehnisse, in der nichts zufällig passiert, in der es eine klare Abgrenzung von Gut und Böse gibt und in der man zu einer privilegierten Gruppe von Menschen gehört, die Zugang zu einer Wahrheit haben, die von der Mehrheit noch nicht erkannt wurde. Es gibt ein klares Feindbild, gegen das demonstriert oder gekämpft werden kann. Man gehört zu den Erwachten.

Durch die globale Vernetzung lassen sich schnell Gleichgesinnte finden. Solche digitale Neogemeinschaften, wie der Soziologe Andreas Reckwitz sie nennt, lassen eine Entwicklung von in sich geschlossenen Welterklärungen zu, die in der jeweiligen Filterblase sich selbst verstärkend zirkulieren können, ohne auf Dissens zu stoßen.

Die Gewissheit zu verstehen, was hinter dem Vorhang passiert und wer die wahren Strippenzieher sind, kann in einer Zeit der Krise das Gefühl vermitteln, sich aus der Passivität befreien zu können. Der Glaube, als einer von Wenigen die Wahrheit hinter den Dingen erkannt zu haben, führt zu einem Gefühl der Überlegenheit. In einer Gesellschaft, in der es zunehmend darum geht, das Individuelle und Singuläre der eigenen Person zu präsentieren, online wie offline, scheint die Mitgliedschaft in einer exklusiven Gemeinschaft der Wissenden umso erstrebenswerter.

Die Suche nach den Schuldigen

Erstaunlicherweise finden sich zwar neben der hier beschriebenen Verschwörungserzählung rund um Bill Gates noch eine Vielzahl anderer solcher Narrative mit wechselnden Protagonisten, es gibt allerdings keine klare Abgrenzung zwischen deren Anhänger:innen. So gibt es auch hierzulande mittlerweile eine wachsende Gefolgschaft der aus den USA stammenden QAnon-Bewegung, von den deutschsprachigen Medien gerne als «Verschwörungs-Sekte» bezeichnet, die in Donald Trump einen vom Militär installierten Retter sieht, der ein internationales Netzwerk von Satanist:innen und Pädophilen zerschlagen wird. Die Corona-Pandemie ist auch hier nur Teil eines großen Plans. Und obwohl es zunächst Widersprüche zwischen diesen verschiedenen Welterklärungen zu geben scheint, treten sie nicht in Konkurrenz zueinander, wie es bei religiösen Welterklärungen häufig der Fall ist. Hier werden die Narrative einfach integriert, mögliche Dissonanzen wegerklärt oder einfach ausgehalten. So hört man von den Gallionsfiguren der Szene, wie dem Popsänger Xavier Naidoo oder dem Kochbuchautor Attila Hildmann, oft ein Konglomerat aus Narrativen, die neben den bisher erwähnten noch Reichsbürgerideologie und antisemitische Vorstellungen transportieren.

Antisemitische Motive finden sich allerdings bei genauer Betrachtung in fast allen kursierenden Verschwörungserzählungen, in denen es um globale Eliten oder mächtige Einzelpersonen geht, die aus dem Schatten die Geschicke der Welt lenken. Häufig taucht in solchen Narrativen der jüdische Hedgefondmanager George Soros auf, dem bei seiner Unterstützung zahlreicher zivilgesellschaftlicher Projekte sinistre Motive unterstellt werden.

Auch die jüdische Familie Rothschild, deren Mitglieder seit Generationen im Bankgewerbe tätig sind, wird gerne als schuldige Partei ausgemacht.

Abb. 23: Ben Garrison, *McMaster's Masters*, 2017.

Zur Veranschaulichung bietet sich eine weitere Karikatur von Garrison aus dem Jahre 2017 an (Abb. 23). Sie zeigt Soros als Puppenspieler. Er lenkt die an Fäden hängenden US-Generäle McMaster und Petraeus, die damals von der amerikanischen Rechten zu Antagonisten erklärt worden waren. Doch auch Soros ist fremdbestimmt, er ist selbst nur eine Marionette. Die Fäden zieht eine grünliche, faltige Hand. Der dazugehörige Arm, der sich aus dem Bereich hinter dem Vorhang ins Bild reckt, ist mit dem Namen «Rothschild» beschriftet. Das Schockierende an dieser Darstellung wird deutlich, wenn man sie mit antisemitischer Propaganda aus der Zeit des NS-Regimes vergleicht (Abb. 24). Die Darstellung des jüdischen Puppenspielers, der in dem hier abgebildeten Beispiel Churchill und Stalin kontrolliert, ist der in Garrisons Karikatur so ähnlich, dass es schwerfällt, hier an einen Zufall zu glauben.

Abb. 24: Druckplatte mit antisemitischem Motiv, ca. 1941.

Die Gefahr der Radikalisierung

Bei den Protesten, die die Maßnahmen gegen die Corona-Pandemie begleiten, ist mittlerweile auch ein offener Bezug auf antisemitische Motive an-
zutreffen, die zunehmende Radikalisierung ist spürbar. Auf den sogenannten «Hygiene-Demos» vergleichen sich Gegner:innen der Maskenpflicht
und Impfskeptiker:innen mit den Verfolgten des NS-Regimes. Die Rhetorik bei den «Corona-Rebellen» wird aggressiver, Journalist:innen werden
als Verbreiter von Fake News angefeindet und sogar körperlich attackiert.
Ein Protagonist der Protestbewegung, der bereits erwähnte Attila Hildmann, posiert gelegentlich mit der Reichskriegsflagge, die auf den De-
monstrationen inzwischen allgegenwärtig ist. Er spricht von «globalen Eliten» und «Zionisten», gegen die mit allen Mitteln Widerstand geleistet
werden müsse.

Es sind diese Dynamiken von zunehmender Aggressivität, simplen Er-
klärungsmustern und klaren Feindbildern, die den Glauben an Verschwörungen zu einer Gefahr für die Gesellschaft machen. Unter dem Deckman-
tel der Regierungskritik und der Wahrheitsfindung können sich derartige
Vorstellungen im kollektiven Gedächtnis festsetzen, eine ewig fortge-
schriebene Mythologie des Bösen im Verborgenen. Hat man die Prämissen

dieser Narrative erst einmal akzeptiert, ist es nur noch ein kleiner Schritt, diese Vorstellungen auf unliebsame Gruppen zu lenken und diese als die wahren Mächte im Hintergrund allen Übels zu identifizieren. So konnte auch der Mord an 6 Millionen Juden und Jüdinnen durch die Nationalsozialisten mit uralten antisemitischen Narrativen legitimiert werden.

Die Vertreter:innen der beschriebenen Verschwörungstheorien werden häufig belächelt und als harmlose Spinner dargestellt. Doch wie hier gezeigt wurde, können solche Vorstellungen und Wirklichkeitsdeutungen den Weg für sehr viel gefährlicheres Gedankengut ebnen. Es ist daher zu begrüßen, dass sich Medien und Wissenschaft inzwischen ernsthaft mit diesem Themenkomplex auseinandersetzen. Eine produktive gesellschaftliche Auseinandersetzung setzt voraus, dass komplexe Vorgänge wie das Pandemiegeschehen verständlich erklärt, eingeordnet und vermittelt werden. Den Falschbehauptungen aus dem Lager der «Corona-Rebellen» hingegen muss entschieden durch Dekonstruktion und Aufklärung entgegengetreten werden. Die Pandemie ist eine Aufgabe historischer Ausmaße. Wir sollten sie bewältigen, ohne historische Fehler zu wiederholen.

Literatur

Anton, Andreas/Schetsche, Michael/Walter, Michael (Hg.), 2014, Konspiration. Soziologie des Verschwörungsdenkens, Wiesbaden: Springer VS.

Immhoff, Roland/Lamberty, Pia, 2020, A Bioweapon or a Hoax? The Link between Distinct Conspiracy Beliefs about the Coronavirus Disease (COVID-19) Outbreak and Pandemic Behavior, Social Psychological and Personality Science, 6.7.2020, https://doi.org/10.1177/1948550620934692 (aufgerufen am 1.8.2020).

Reckwitz, Andreas, 2017, Die Gesellschaft der Singularitäten, Berlin: Suhrkamp.

Simonsen, Kjetil Braut, 2020, Antisemitism and Conspiracism, in: Butter, Michael/Knight, Peter (Hg.) Routledge Handbook of Conspiracy Theories, London: Routledge, 357–370.

Ausblicke ins Ungewisse

Nicht nur das Außeralltägliche der Pandemie sorgt für Unbehagen. Die Ungewissheit darüber, wie eine Gesellschaft, ein Miteinander, ein Leben nach Corona aussehen mögen, kann mindestens ebenso beklemmend sein. Von den Versprechungen einer gerechteren und lebenswerteren Welt bis zu altbekannten und neuen Dystopien scheint für viele nur eines gewiss: Veränderung steht an, ja, sie muss geradezu anstehen, um dem eigenen Kontrollverlust und dem Ausgeliefertsein gegenüber der unsichtbaren Bedrohung des Virus einen Sinn abgewinnen zu können.

Ohne diese Aussicht wäre die Krise der neue Standard. Die einzige Gewissheit bestünde darin, nicht zu wissen, wie es weiter geht. Wenn alles aber wieder so werden würde, wie es zuvor war, blieben die erfahrende Angst und der Tod von vielen ohne jede nachhaltige Bedeutung. Nur das Bewusstsein um die Verwundbarkeit dieser vermeintlichen Normalität würde erhalten bleiben. Erst die Perspektive, dass diese Orientierungslosigkeit nur ein Intermezzo, eine notwendige Phase der Neuausrichtung im Übergang zu etwas Neuem ist, macht die eigene Ohnmacht erträglich. Egal, wie ein Danach aussieht – die Pandemie ist ein Wendepunkt, hin zum Ersehnten oder zum Gefürchteten. Die Erwartung einer Veränderung verstärkt sich und damit gewinnen die medialen Stimmen ein Gewicht, die Bilder einer postpandemischen Weltordnung anbieten. Mit der Verbreitung dieser Szenarien, die oft geradezu prophetische Worte und Metaphern einsetzen, scheint die Gewissheit zu wachsen, dass die neue Welt doch schon zum Greifen nah ist.

Auf dieser Schwelle zwischen dem Blick auf das Vorherige und der Erwartung einer besseren Zeit werden Szenarien der sogenannten «neuen» Normalität entworfen. Dabei fallen viele Ähnlichkeiten zu Ritualen, Narrationen und Metaphern auf, die in religiösen Traditionen vorkommen.

Die letzten beiden Beiträge in diesem Buch richten den Blick auf das Wechselspiel von Orientierung in einer chaotisch erscheinenden Situation und dem Aufgreifen religiöser Motive. Während der erste Beitrag auf die Krise als eine Übergangszeit mit einem offenen Ausgang fokussiert, legt der abschließende Artikel die kreative Rolle der Sprache im Entwurf einer möglichen Zukunft offen.

Florian Kronawitter, 1996, hat 2020 den Master in Religions- und Kultur-wissenschaft abgeschlossen.

> Für mich war es besonders interessant zu beobachten, wie durch die Erfahrung der Pandemie bei vielen Menschen eine Bereitschaft ge-weckt wurde, selbst Verantwortung für ihre Mitmenschen zu überneh-men, in größerem Maßstab ebenso wie im persönlichen Umfeld.

Jochen Mündlein, 1989, arbeitet als evangelischer Diakon bei der Inneren Mission München und Oberbayern e.V. des Diakonischen Werkes Bayern und promoviert an der Ludwig-Maximilians-Universität München in Reli-gionswissenschaft.

> Innerhalb der Covid-19-Pandemie und besonders während des Lock-downs in Deutschland wurden wir massiv mit technischen Kommuni-kationsmöglichkeiten konfrontiert. Obwohl der Appell zur häuslichen Isolation persönliche Begegnungen minimierte, führte eine permanen-te Vernetzung durch das Internet zum ständigen privaten und berufli-chen Austausch. Damit eröffnete sich eine vollkommen neue Qualität der Gestalung sozialer Beziehungen.

Die Pandemie als Ritual – ein Gedankenspiel

Florian Kronawitter

Nichts bezeugt die Ernsthaftigkeit dieser Pandemie sichtbarer und eindrucksvoller als die Masken: sichtbar besonders, weil so viele andere Maßnahmen durch Nicht-Handeln und Beschränkung oder durch rein mediale Vermittlung gekennzeichnet sind. Eindrucksvoll, weil im sozialen Miteinander des eigenen Alltags durch das Tragen der Masken eine Anerkennung des bestehenden Infektionsrisikos ausgedrückt wird. Das Tragen der Maske materialisiert nicht nur die Bedrohung, sondern auch die gegenseitige Abhängigkeit.

Die Masken bilden das Material für eine Collage, die der New Yorker Gouverneur Andrew Cuomo am 29. April 2020 enthüllte. Hierfür wurden mehrere hundert handgenähte Masken in einem großen Rechteck angeordnet. Er präsentierte das textile Werk als *Wall of Masks* in einem seiner regelmäßigen Briefings zur aktuellen Lage der Corona-Pandemie im Staat New York vor Pressevertreter:innen.

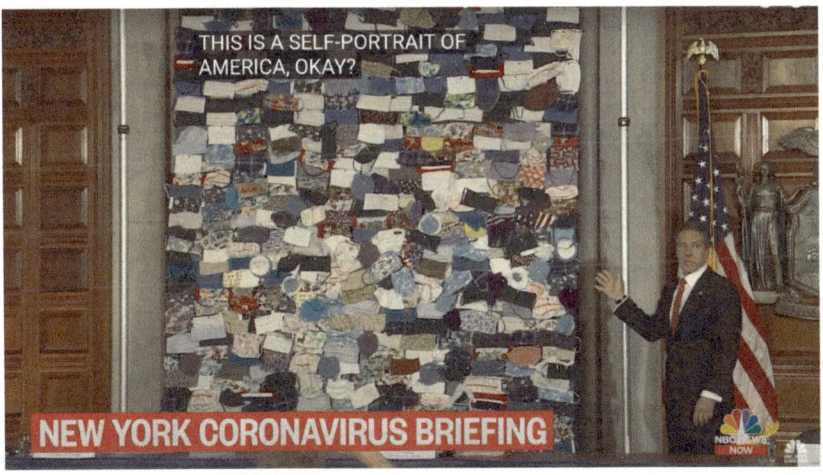

Abb. 25: Andrew Cuomo enthüllt die Collage *Wall of Masks*, Live: New York Governor Andrew Cuomo Holds Coronavirus Briefing, Szenenbild (00:23:50).

Alle diese Masken wurden dem Gouverneur von Menschen aus den ganzen USA zugesandt, um der in New York vorherrschenden Notlage etwas abzuhelfen. New York City war zu diesem Zeitpunkt eine der am stärksten betroffenen Regionen weltweit und hatte mit Engpässen in der Versorgung mit vielen medizinischen Vorräten zu kämpfen. Besonders der Zugang zu persönlicher Hygiene- und Schutzausrüstung war dabei beschränkt, wodurch Berufsgruppen, die darauf angewiesen waren, in Gefahr gerieten. Die Masken, die zur Gestaltung der Collage genutzt wurden, bestehen aus vielen verschiedenfarbigen und bedruckten Stoffen, haben sehr unterschiedliche Formen und sind zum Teil auch mit personalisierten Details versehen – sei es ein Aufnäher mit dem Batman-Logo oder der bekannte *I Love NY*-Schriftzug. Im Gesamtrahmen des Briefings nutzte Cuomo dieses Kunstwerk dazu, die Solidarität Amerikas darzustellen und bezeichnete es als ein Selbstporträt des Landes, das ein Zeugnis für die Liebe und Verbundenheit untereinander ablege. Damit stelle es einen Kontrast dar zu den Versuchen republikanischer Politiker:innen, den von der Pandemie betroffenen Gebieten der USA – damals waren dies vor allem die demokratisch geprägten Staaten an der Ost- und Westküste – finanzielle Hilfe zu verweigern. Cuomo argumentierte, gerade in dieser Krise müsse jeder Unterschied zwischen den Parteien überwunden werden, eine Bereitschaft, die ganz offensichtlich in der allgemeinen Bevölkerung vorhanden sei, im Kongress jedoch noch fehle. Während dieser Aufruf zu politischer Einigkeit in den Medien und sozialen Netzwerken auf breite Zustimmung stieß, wurde auch Kritik laut an der Verwendung der Masken für die Collage statt für die Ausstattung systemrelevanter Berufsgruppen. Noch am selben Tag verkündete Cuomo allerdings auf Twitter, dass das Kunstwerk aufgelöst und die Masken ihrem ursprünglichen Zweck zugeführt werden würden.

Masken zwischen Gleichheit und Ungleichheit

Mag es sich dabei auch vorrangig um eine Publicity-Aktion gehandelt haben, ist der Grundgedanke hinter dieser Initiative durchaus nachvollziehbar. Wer eine Maske trägt, ist in der Krise nicht nur gegenüber den Personen solidarisch, mit denen er oder sie Kontakt hat, sondern auch gegenüber allen, die sich in derselben Lage befinden: im Prinzip also gegenüber allen Menschen der Welt, in jedem Fall aber gegenüber denen im eigenen Land. Wer kostenlos Masken für andere bereitstellt, gibt damit anderen die Möglichkeit, sie zum eigenen Schutz und als Zeichen von Solidarität zu tragen.

Das Masken-Tragen drückt aber nicht nur Solidarität aus, sondern auch Gleichheit. Mag der Mensch hinter der Maske wohlhabend, gebildet, einflussreich oder angesehen sein: Die Hygienemaßnahmen und die damit verbundene Angst um eine Verbreitung der Krankheit zwingen allen, unabhängig vom gesellschaftlichen Status, dieselben Regelungen auf. Die Maske scheint zu suggerieren, dass wir alle gleich sind, weil das Virus keine Unterscheidungen zwischen den sozialen Zugehörigkeiten macht. Im Angesicht der Krankheit finden wir uns durch das verbindende Element der Maske auf Augenhöhe mit Menschen, mit denen wir in sozialer Hinsicht sonst nichts gemein haben. Die Bedrohung durch das Virus kann nur gemeinsam bewältigt werden, weil wir alle gleich in Gefahr sind.

Soweit nun die Illusion. Denn natürlich sind wir nicht deswegen alle gleich, weil wir alle denselben Einschränkungen unterliegen und in der Öffentlichkeit Masken tragen. Der Gedanke, sozial produzierte Ungleichheiten könnten durch bedrohliche Faktoren ausgeglichen oder gar beseitigt werden, ist abzulehnen. Eine Pandemie trägt ebenso wenig zu sozialer Gleichheit bei, wie es ein Erdbeben oder eine Dürreperiode können. Stattdessen verstärkt sie die Ungleichheiten: Gerade in Situationen existenzieller Bedrohung kommen soziale Unterschiede erst recht zum Tragen.

Selbstverständlich können auch Menschen in sozial besser gestellten Positionen erkranken und sterben, aber gerade ihre gesellschaftliche Stellung ermöglicht es ihnen, Entscheidungen zu treffen und Möglichkeiten wahrzunehmen, die ihr Ansteckungsrisiko verringern und ihnen im Krankheitsfall höhere Überlebenschancen bieten. Gleichzeitig sind diejenigen, die ohnehin schon sozial benachteiligt werden, wegen Ungleichheiten mit höherem Infektions- und Sterberisiko konfrontiert. Während die einen also trotz ihrer privilegierten Stellung erkranken können, werden die anderen gerade wegen der Benachteiligung der Krankheit ausgesetzt.

Nun wäre es aber gewiss weder fair noch zutreffend, das Zusammengehörigkeitsgefühl als reine Inszenierung oder Augenwischerei abzutun. Man könnte es hingegen als Brucke zu einem Verständnis der Pandemieerfahrung als einer speziellen Form von Übergangsritual interpretieren.

Die Pandemie als ungewolltes Übergangsritual

In Anlehnung an Arnold van Gennep, der zu Beginn des 20. Jahrhundert eine nachhaltig einflussreiche Theorie formulierte, kann ein Übergangsritual als eine Reihe von Handlungen definiert werden, durch die ein Mensch eine sozial relevante Transformation durchmacht. Dabei kann es sich sowohl um religiöse Rituale handeln, wie beispielsweise eine christliche Taufe oder eine jüdische Bar oder Bat Mitzwa, als auch um andere Feiern wie etwa eine Vereidigung oder eine Prüfung.

Charakteristisch für ein Übergangsritual ist die Abfolge der Handlungen, die in drei Phasen eingeteilt werden können. Am Anfang des Rituals nehmen die Beteiligten Abschied von ihrem bestehenden Status, dann kommen sie in eine Übergangsphase, in der die eigentliche Transformation vollzogen wird. Schließlich werden sie wieder in die Gesellschaft integriert, aber mit einem neuen sozialen Status versehen. Unter diesem Blickwinkel könnten somit sowohl die individuelle Erfahrung des Renteneintritts als auch eine kollektive Unabhängigkeitsbewegungen als Übergangsrituale betrachtet werden, weil sie sich mit der Reihenfolge dieser drei Phasen der Ablösung, des Übergangs und der Wiedereingliederung beschreiben lassen.

Die Teilnehmenden am Ritual begeben sich in einen Zwischenzustand, der von der zuvor gewohnten Alltagsordnung völlig verschieden ist. Darin sind sie gleichgestellt, sie befinden sich in einem transitorischen, sogenannten liminalen Zustand, wie der Anthropologe Victor Turner diese Übergangsphase charakterisiert.

Man könnte den Lockdown und allgemeiner die Pandemie als eine Art aufgezwungenes Übergangsritual betrachten. Als Gesellschaft sind wir in einen transitorischen Zeitraum versetzt worden, in dem bestimmte Rechte, Freiheiten und Ansprüche in dem Vertrauen aufgegeben werden mussten, sie in einer späteren Phase wiederzuerlangen. Die Kontaktbeschränkungen und Ausgangssperren entsprechen diesem Dazwischen-Sein. Sie stellen eine Art außeralltägliche Lage dar, die alle in ihren Freiheiten einschränkt, mit der Hoffnung auf eine verantwortungsvolle Wiederherstellung der Rechte und Freiheiten, die eingeschränkt wurden.

Van Gennep und Turner betonen, dass Rituale immer in einem Kollektiv eingebettet sind. In einem Übergangsritual gibt es unterschiedliche Rollen: jene, die das Ritual durchmachen, und jene, die es anleiten, die verschiedenen Phasen regulieren und den korrekten Verlauf gewährleisten. Versucht man die Krisenzeit, die wir erleben, durch die Brille einer Ritualtheorie dieser Art zu verstehen, dann fällt die regulierende Rolle von politischen Vertreter:innen und Ordnungskräften auf; es sind die unterschiedlichen Staatsgewalten, die den Ausnahmezustand regulieren. In der liminalen Phase mitten im Ritualverlauf werden die Teilnehmenden in einen Zwischenzustand von Gleichen versetzt. Das Tragen der Maske kann auf dieser Linie gelesen werden, als eine Betonung dieses gleichen Zustands.

Es ist klar, dass die Masken in ein Hygienekonzept gehören und auf epidemiologische Erkenntnisse zurückgehen, dennoch verändern sie unsere

Präsenz im öffentlichen Raum und entfalten soziale Auswirkungen. Nicht alle Masken sind optisch identisch, aber alle erfüllen dieselbe hygienische und soziale Funktion. Im Allgemeinen erlauben Masken, eine andere, transitorische Identität zu übernehmen, indem man die eigenen Züge versteckt. Das gilt etwa für das Theater oder für die Fastnacht.

Die Corona-Maske tut dies nicht in diesem Sinne, obwohl sie das Gesicht zum großen Teil verdeckt und somit die Menschen etwas anonymer und gleicher macht. Betrachtet als Übergangsritual führt diese Uniformierung der Gesichter zu Verbundenheit und verbreitet ein Zugehörigkeitsgefühl.

Somit kommen wir nun wieder zum Ausgangspunkt der Überlegungen zurück, zum Thema der Solidarität. Sie entsteht nicht so sehr aus einer gleichen Aussetzung gegenüber der Gefahr, sondern aus einer gemeinsamen Erfahrung einer Sondersituation. Alle haben eine drastische Lebensveränderung durchgemacht: Beispielsweise mussten jene, die in sogenannten systemrelevanten Berufen Außerordentliches leisten, ständig im Einsatz sein. Andere mussten ihre Arbeitswelt in die eigene Wohnung verlegen. Viele haben auch ihren Arbeitsplatz verloren. Aber gerade auch das Privatleben war von den Einschränkungen enorm betroffen. Es ist die gemeinsame Erfahrung einer Pandemie globalen Ausmaßes, die die Verbundenheit der Gleichen hervorruft.

Die textile Collage in New York symbolisiert diese Liminalität in der geteilten Erfahrung: Menschen nähen Masken und schicken sie nach New York, weil sie sich als Teil einer transitorischen Gemeinschaft verstehen.

Übergangsritual mit ungewissem Ausgang

Der Vergleich zwischen dieser pandemischen Zeit und dem Übergangsritual, der vielleicht etwas gewagt ist, zeigt noch eine weitere spannende Dimension der Krise, die wir durchleben. Das Ritual zielt daraufhin, eine Veränderung zu bewirken oder sie zumindest sichtbar zu machen. Es geht um den Übergang zu etwas Neuem, um eine Veränderung gesellschaftlicher Positionen. Da nun aber alle Teile der Gesellschaft am Ritual teilnehmen – genauer: daran teilnehmen müssen – stellt sich die Frage, wie diese neue Zeit danach aussehen wird. Wird die Gesellschaft gerechter sein?

Die Bedrohung durch das Virus hat nicht nur aufgezeigt, wie instabil die Gesellschaft im Krisenfall ist, sie hat auch Mängel und schwerwiegende Fehlkonstruktionen in der bisherigen Ordnung der Dinge offenbart. Von unzureichenden Möglichkeiten digitaler Unterrichts- und Lehrformate bis hin zu schwerwiegenden Lücken in Lieferketten für essenzielle medizinische Materialien besteht in vielen sozialen Bereichen Verbesserungsbedarf. Ebenso wird es notwendig sein, die Stellung von Grundrechten und Freiheiten in Krisensituationen neu zu verhandeln.

Die Frage aber, wohin, in welchen Zustand wir übergehen, ist eine, die an uns als einer sich verändernden Gesellschaft hängt. Sie hängt davon ab, zu welchen tiefgreifenden Veränderungen wir als Gesellschaft bereit sind. Dass die bestehenden Strukturen nicht wirklich krisensicher und damit auch nicht unveränderlich sind, hat sich ja gezeigt.

Literatur

Carlson, Timothy, 2016, Liminal Reality and Transformational Power. Revised Edition: Transition, Renewal and Hope, Cambridge: The Lutterworth Press.

Turner, Victor, 1989 (1969), Das Ritual. Struktur und Antistruktur, Frankfurt am Main: Campus.

Van Gennep, Arnold, 1986 (1909), Übergangsriten. Frankfurt am Main: Campus.

Prophetische Metaphern der postpandemischen Zeit

Jochen Mündlein

Mitten in der Corona-Pandemie fällt aufmerksamen Beobachter:innen ein irritierendes Phänomen auf: Auf dem bisherigen Höhepunkt der staatlichen Einschränkungen in Deutschland und vielen anderen EU-Ländern tauchen vermehrt mediale Repräsentationen auf, die skizzenhaft die Welt nach der Pandemie beschreiben. Obwohl keine verlässlichen Aussagen gemacht werden können, wie lange die Pandemie andauern wird und welche Konsequenzen sich in unterschiedlichen gesellschaftlichen Bereichen daraus ergeben, richtet sich die Perspektive dieser visionären Skizzen auf eine Überwindung der pandemischen Krise.

Ausblick aus der Krise heraus

Repräsentativ dafür ist der Artikel des Journalisten Frank André Meyer, der am 22. April 2020 auf *Focus Online* veröffentlicht wurde. Als Auftakt der Reihe *Die Welt nach der Corona-Krise* gibt Meyer mit seinem Beitrag *Kehrt sich jetzt die Globalisierung um?* einen philosophisch anmutenden Ausblick auf das Diskussionsfeld einer Zeit nach der Pandemie. Meyers Text setzt mit der Beschreibung der Globalisierung als ein umfassender, alles beherrschender Prozess der Welt- und Gesellschaftsgestaltung an. Dabei wird Globalisierung sowohl als ökonomisches als auch als ideologisches Prinzip präsentiert. Das Auftreten der Pandemie führe nun zum Bruch innerhalb dieses Prozesses und damit gleichsam zur ideologischen Krise. An dieser Stelle paraphrasiert der Autor verschiedene intellektuelle Positionen, die ihrerseits aus der Konsequenz des Bruchs postpandemische Utopien anbieten.

Der slowenische Kapitalismuskritiker Slavoj Žižek formuliert eine neue Form des Kommunismus. Der Ökonom Thomas Piketty wird als Vertreter einer transnationalen Demokratie herangezogen, während der deutsche Philosoph Richard David Precht sich im Kampf gegen die Klimakrise für ebenso radikale politische Regulierungen einsetzt, wie es gegen das Virus möglich ist.

Meyers Absicht ist deutlich: Die Corona-Pandemie führt zu einem Niedergang der autonom operierenden kapitalistischen Märkte. Gesellschaftliche Organisationsinstrumente müssen folglich umgebaut und staatlich-ideologische Ordnungen neu gedacht werden. Meyer spitzt es in seiner Analyse zu, wenn er schreibt:

> Doch leider ist dieser so überaus kreative und lukrative Kapitalismus seit je falsch aufgezäumt, ein ungestümes Pferd, von verantwortungslosen Jockeys gehetzt und zuschanden geritten, wie Corona und Klima gerade sichtbar machen.

Seine philosophisch-anthropologische Reflexion geht von der Beziehung des Menschen zur Welt und Gesellschaft und von individuellen und kollektiven Bedürfnissen und Hoffnungen aus. Durch die Pandemie werden die Übereinstimmungen dieser Bedürfnisse mit den aktuellen gesellschaftlichen Konstellationen hinterfragt. Der Artikel endet mit der offenen Frage, wie eine ökonomisch gerechte und ideologisch bessere Welt nach der Krise aussehen könnte.

Sprache als Werkzeug der Zukunft

Es ist besonders spannend, auf die zahlreichen Metaphern zu achten, die der Autor sorgfältig auswählt, weil sie das Wirkungspotenzial der journalistischen Beschreibung erst ermöglichen. Sprachbilder und metaphorische Anspielungen inszenieren hier eine bewusst gewählte Unschärfe.

Sprache im Allgemeinen und Metaphern im Speziellen bilden nicht nur Realität ab, sondern sie prägen und gestalten sie. Der Philosoph Hans Blumenberg unterscheidet in seinem Werk *Paradigmen zu einer Metaphorologie* zwischen alltäglichen und absoluten Metaphern. Unter ersteren versteht er Metaphern, die als Versuche der Prägung von neuen oder noch nicht klar definierten Begriffen in einem Kollektiv verhandelt werden. Absolute Metaphern hingegen entziehen sich dieser gesellschaftlichen Verständigung und bleiben in ihrer Unschärfe bestehen. Als Illustration dieser sprachtheoretischen Reflexion kann auf «Welt» hingewiesen werden: Obwohl es unmöglich ist, «Welt» begrifflich zu definieren, kann diese Metapher als lebensweltlicher oder wissenschaftlicher Bezugspunkt verwendet werden.

Absolute Metaphern können als sprachlich elementarste Formen eines Bezugs zur Transzendenz verstanden werden. Sie benennen keinen Gegenstand oder theoretischen Begriff auf konkrete Weise, sondern bewegen sich in den Randgebieten sprachlicher Möglichkeiten; sie lauern im Hintergrund und legen imaginative Räume frei. Metaphern dieser Art erweitern unsere Erfahrung und bereichern sie dadurch, dass wir mit ihnen die Wirklichkeit in ihrer Gesamtheit evozieren können. Metaphern spielen eine zentrale Rolle in der Beziehung zwischen Menschen und der Welt, in der sie leben; sie stiften auf einer sprachlichen und imaginativen Ebene Sinn und Orientierung.

Damit wird eine wichtige Funktion von Sprache als demjenigen Werkzeug hervorgehoben, mit dem kollektive Leitideen entworfen werden. Sprache ist in diesem Sinne mythisch, da sie durch Erzählung Orientierung stiftet. In der Beziehung von mythischer Sprache und erfahrbarer Wirklichkeit wird die Deutung der eigenen Lebensrealität möglich. Dabei hat mythische Sprache eine doppelte Funktion: Einerseits nimmt sie bereits vorhandene Vorstellungen wieder auf, andererseits gestaltet sie noch nie gedachte Ideenwelten. Es sind die Metaphern, die es uns erlauben, trotz des begrenzten Wortschatzes einer Sprache unendliche Interpretationen zu formulieren.

Metaphorische Sprache als religiöse Horizonterweiterung

In seinem Beitrag für *Focus Online* setzt Frank André Meyer Metaphern ein wie «unergründlicher Weltgeist», «Schöpfung» und «schöpferische Zeiten», «Weltheil», «Weltgericht», «Apokalypse» und «Unbehaustheit des Menschen». Sie alle stammen aus der jüdisch-christlichen Tradition und werden für eine Reflexion über die Pandemie verwendet.

Zwar geht es dem Autor in erster Linie um ökonomische und politische Veränderungen, die aus der Corona-Krise erwachsen (sollten). Die Verwendung geläufiger religiöser Metaphern erweitert jedoch den Horizont seiner Ausführungen: Damit werden in seinen Reflexionen Verweise auf andere Dimensionen hineingewoben, die wirksam sind. Bereits einleitend schreibt Meyer:

> Zentraler Begriff dieses Produktionsablaufes ist die Wertschöpfungskette, also Schöpfung – die Erschaffung der Welt, irgendwie.

Religiöse Sprache und religiöse Metaphern vermögen es, Dimensionen zu beschreiben, die die Möglichkeiten der alltäglichen Erfahrung übersteigen. Diese Möglichkeit der Sprache kann beispielsweise mit «Weltgericht» ausgeführt werden. Auch wenn das Weltgericht in unterschiedlichen Kontexten wie in der Politik, in der Psychologie oder in der Theologie beschrieben werden kann, bleibt diese Metapher immer unscharf und uneindeutig.

«Schöpfung» ist eine weitere absolute Metapher, die in den abrahamitischen Religionen die kreativen Handlungen Gottes bezeichnet. Demnach gehen die Entstehung des Kosmos, der Erde und schließlich des Menschen auf die aktive willentliche Entscheidung eines übergeordneten Wesens zurück. Im Buch *Genesis* liegen zwei Schöpfungsgeschichten vor, die dieses Wort in der jüdisch-christlichen Tradition stark prägen. Dabei können der Schöpfungsvorgang in sieben Tagen und die Erzählung des (verlorenen) paradiesischen Gartens Eden als metaphorologische Verweise betrachtet werden.

Eine doppelte narrative Spannung charakterisiert die mythische Sprache der zwei unterschiedlichen Schöpfungsberichte. «Schöpfung» als Metapher wird einerseits als ein vergangener Akt der Weltentstehung verstanden. Andererseits wird «Schöpfung» als fortlaufender Prozess der Stabilisierung und der zukünftigen Entfaltung gedeutet. Der vergangene Akt der perfekten Erschaffung wird somit zur prophetischen Vision einer neuen, erlösten und befriedeten Welt. Gleichzeitig beschreibt «Schöpfung» eine Beziehung zwischen der schöpferischen Handlung Gottes und dem Menschen. Auf der einen Seite ist der Mensch selbst ein Produkt der göttlichen Tätigkeit, auf der anderen Seite wird er zum Gestalter der ihm vorgegebenen erschaffenen Welt.

Meyers Artikel reiht sich in der Rezeption dieser metaphorischen Kreationen ein. Er setzt «Schöpfung» zwar mit ökonomisch-globalisierten Märkten in Verbindung, um ihren Charakter als vorliegende Entitäten darzustellen, an denen wir lediglich konsumierend partizipieren können. Gerade durch die Wahl dieser Metapher jedoch betont er die Möglichkeit der Überwindung konsumistischer Mechanismen und hebt die aktive Rolle des Menschen in der Gestaltung der Zukunft hervor. Die Idee einer besseren Welt nach der Pandemie wird im Lichte endzeitlicher Umwälzungen als systemerlösende Möglichkeit präsentiert.

In eine umgekehrte Richtung bewegt sich die Metapher der «Unbehaustheit des Menschen». Damit bezeichnet der Autor ein existenzielles und ganzheitliches Bedürfnis nach Sicherheit und Geborgenheit, das zum Motor der Kultur wird. Meyer schreibt:

> Ja, Behaustsein ist die Sehnsucht, die mit dem Verlassen des Mutterleibes jede menschliche Existenz begleitet.

Auch in dieser Metapher schwingen Anspielungen auf neoliberale Gesellschaftskonstellationen mit und, ähnlich wie bei «Schöpfung», die Situation des Menschen im Verhältnis zur Welt, jedoch mit einer anderen Konnotation. «Unbehaustheit» umreißt den Menschen als hausbauendes, kulturschaffendes Wesen, das sich seine Lebenswelt aneignet.

Geschichtlich virulent wurde «Unbehaustheit» durch das literarische Werk von Hans Egon Holthusen. In den 1950er Jahren veröffentlichte er eine Sammlung von Essays unter dem Titel *Der unbehauste Mensch.* Im Nachkriegsdeutschland verarbeitete der umstrittene Autor die gesellschaftlich umwälzenden Erfahrungen des Nationalsozialismus und die damit verbundene kollektive Orientierungslosigkeit eines ganzen Landes. Die Metapher wurde dabei auf die historische Lebenserfahrung einer zerstörten Welt bezogen. Transportiert wurde damit die kollektive Frage, wie sich der Mensch in einer haltlosen und lebensfeindlichen Wirklichkeit zurechtfinden kann.

Auf dieser Linie repräsentiert «Unbehaustheit» die Menschheit als eine unklassifizierbare und hilflose Spezies, die zwischen Natur und Kultur gefangen ist. Zur religiösen Rahmung dieser Metapher trugen weitere Texte bei. So beschreibt sich Goethes *Faust* im gleichnamigen Werk als der «Unbehauste». Damit wird Fausts Orientierungsbedürftigkeit betont; im Dialog mit Mephistopheles stilisiert er sich als den von Gott verlassenen Flüchtling, der nach Orientierung und Führung sucht. Im Kontrast zur wohlwollenden «Schöpfung» beschreibt «Unbehaustheit» die Lebenswirklichkeit des Menschen als chaotisch und unkontrollierbar. In Meyers Artikel wird diese religiös und literarisch aufgeladene historische Metapher mit der Hoffnung auf eine gerechte postpandemische Welt verknüpft. Die Anspielung auf die vermisste Geborgenheit evoziert ein religiöses Vertrauen auf eine eschatologische Wirklichkeit, in der der Mensch beheimatet und behaust sein wird.

Die Metaphern der Pandemie

Absolute Metaphern haben innerhalb der Pandemie Hochkonjunktur. An den von mir illustrierten Beispielen, aber auch an den zahlreichen Belegen in den vorangegangenen Artikeln dieses Buches wird sichtbar, welche Aufgaben Metaphern innerhalb der Pandemie zukommen. Sie verhelfen uns zur Orientierung in einer unübersichtlichen Erfahrung. Ihre transzendente Dimension ermöglicht es, die pandemischen Ereignisse in einen Sinnhorizont zu situieren. Sie schaffen Bewältigung und Entlastung im Angesicht der Krise. Spezifisch religiös konnotierte Metaphern erleichtern dies durch ihre Anspielungen auf eine sinnhafte postpandemische Zukunft. Da sie mit vorhandenen Bedeutungen arbeiten, sind sie verständlich: Sie appellieren an das kulturelle Vorwissen der Rezipient:innen und steuern damit die Lesbarkeit der Welt. Metaphern operieren als Propheten, die eine bessere Welt ankündigen. Sie sind sprachliche Sinn- und Hoffnungsträger und können sich jedem reduktionistischen Versuch entziehen, die Krise als bloße nackte und ohnmächtige Erfahrung zu durchleiden.

Literatur

Blumenberg, Hans, 2015 (1960), Paradigmen zu einer Metaphorologie, Frankfurt am Main: Suhrkamp.

Burkert, Walter, 1979, Mythisches Denken. Versuch einer Definition an Hand des griechischen Befundes, in: Poser, Hans (Hg.), Philosophie und Mythos. Ein Kolloquium, Berlin: de Gruyter, 16–39.

Goethe, Johann Wolfgang von, 2010 (1808), Faust. Der Tragödie Erster Teil, Stuttgart: Reclam.

Holthusen, Hans Egon, 1952, Der unbehauste Mensch. Motive und Probleme der mordernen Literatur, München: R. Piper & Co. Verlag.

Meyer, Frank André, 2020, Die Welt nach der Corona-Krise. Kehrt sich jetzt die Globalisierung um?, Focus Online, 22.4.2020,
https://www.focus.de/politik/experten/gastbeitrag-von-frank-a-meyer-kehrt-sich-jetzt-die-globalisierung-um-corona-pandemie-erzwingt-umdenken_id_11894724.html (aufgerufen am 25.4.2020).

Thomas, Günter, 2009, Neue Schöpfung. Systematisch-theologische Untersuchungen zur Hoffnung auf das «Leben in der zukünftigen Welt», Neukirchen-Vluyn: Neukirchener Verlag.

Abbildungsverzeichnis

Abb. 16: Szenenbild aus Dying Alone from Coronavirus: A Family's Last Goodbye, Denise Blostein/Maya Tippett, US 2020, 5'53", https://www.wsj.com/articles/im-sorry-i-cant-kiss-youcoronavirus-victims-are-dying-alone-11586534526 (aufgerufen am 16.7.2020).

Abb. 17: Szenenbild aus Dying Alone from Coronavirus: A Family's Last Goodbye, Denise Blostein/Maya Tippett, US 2020, 5'53", https://www.wsj.com/articles/im-sorry-i-cant-kiss-youcoronavirus-victims-are-dying-alone-11586534526 (aufgerufen am 16.7.2020).

Abb. 18: Andrea Fasani, Foto, 2020, Ansa, https://www.corriere.it/cronache/20_marzo_25/coronavirus-bergamo-45-bare-chiesa-san-giuseppe-l-esercito-porta-altre-citta-7f441bcc-6eb3-11ea-925b-a0c3cdbe1130-bc_principale.shtml (aufgerufen am 25.3.2020).

Abb. 19: Szenenbild aus Bare senza tomba. Il dramma dei morti da Covid, Gian Micalessin/Roberto Di Matteo, Italien, 2020, 02'19", veröffentlicht auf Il Giornale.it, 26.3.2020, https://www.ilgiornale.it/video/cronache/seriate-paesino-troppe-bare-1846307.html (aufgerufen am 10.7.2020).

Abb. 20: Szenenbild aus Bare senza tomba. Il dramma dei morti da Covid, Gian Micalessin/Roberto Di Matteo, Italien, 2020, 02'19", veröffentlicht auf Il Giornale.it, 26.3.2020, https://www.ilgiornale.it/video/cronache/seriate-paesino-troppe-bare-1846307.html (aufgerufen am 10.7.2020).

Abb. 21: Szenenbild aus einem Video auf dem YouTube-Kanal der römisch-katholischen Pfarrei von Seriate, 28.3.2020, 09'15", https://www.youtube.com/watch?v=mO—wjAMFs (aufgerufen am 10.7.2020).

Abb. 22: Ben Garrison, *The Plannedemic*, 2020, https://grrrgraphics.com/the-plannedemic (aufgerufen am 26.7.2020).

Abb. 23: Ben Garrison, *McMaster's Masters*, 2017, https://grrrgraphics.wordpress.com/2017/07/29/mcmasters-masters/ (aufgerufen am 26.7.2020).

Abb. 24: *A Giant Jewish Puppeteer Manipulating Churchill and Stalin*, ca. 1941, Druckplatte, Katz Ehrenthal Collection, United States Holocaust Memorial Museum, https://collections.ushmm.org/search/catalog/irn544992 (aufgerufen am 26.7.2020).

Abb. 25: Szenenbild aus Live: New York Governor Andrew Cuomo Holds Coronavirus Briefing, NBC News, 45'44", NBC-Livestream der Corona-Pressekonferenz des New Yorker Gouverneurs Andrew Cuomo am 29.04.2020, https://www.youtube.com/watch?v=IunZz5PL9nM&t=1430s (aufgerufen am 28.7.2020).